Lourdes Miquel

BUENO, BONITO Y BARATO 1
30 anuncios publicitarios en español

Guía didáctica

UNIVERSITY COLLEGE CHESTER
LANGUAGES DEPARTMENT

DIFUSIÓN

Centro de Investigación y Publicaciones de Idiomas
C/Trafalgar, 10, entlo. 1ª 08010 Barcelona
E-mail: editdif@intercom.es
www.difusion.com

Colección de Vídeos **"Desde España"**
Dirigida por Lourdes Miquel y Neus Sans

Bueno, Bonito y Barato 1
Guía didáctica

Diseño de colección: Angel Viola

© Lourdes Miquel y Neus Sans
   Difusión, S. L. Madrid, 1991

1.ª Edición, 1991
2.ª Edición, 1994
3.ª Edición, 1996
4.ª Edición, 1998
5.ª Edición, 2001

ISBN: 84-87099-32-7
Depósito legal: M. 27679-1991
Impreso en España por RaRo. S. L.

INTRODUCCIÓN

Son conocidas y aceptadas por todos, hoy en día, en el mundo de la enseñanza de idiomas, las cualidades del vídeo como herramienta privilegiada que permite llevar a la clase todos los elementos, lingüísticos y extralingüísticos, que participan en una situación comunicativa hasta tal punto que no hay profesional que no desee, si aún no lo tiene, disponer en sus aulas de un monitor como dispone de una pizarra. Huelga decir que múltiples son las técnicas que podemos desarrollar para su utilización y, amplísimo, el abanico de actividades que pueden organizarse a partir de un documento en vídeo: presentación de nuevos contenidos lingüísticos, actividades de comprensión auditiva, ejercicios de producción oral y escrita, juegos, práctica específica de determinados aspectos léxicos, gramaticales o funcionales, trabajo de orden cultural, etc.

Afortunadamente cada día son más los centros que están integrando el vídeo como un medio de uso cotidiano. Pero, en el caso concreto de la enseñanza del español como lengua extranjera, a la disponibilidad de los medios técnicos se une una carencia más: la escasa oferta de material. Y para contribuir a paliar esta carencia surge el proyecto DESDE ESPAÑA.

Por otra parte, creemos que las características de los anuncios publicitarios televisivos (su autenticidad, su carácter de unidades completas, breves y autosuficientes, la claridad del objetivo del mensaje, la riqueza del soporte visual y musical, etc.) convierten este tipo de documentos en un material extremadamente útil en la clase de lengua extranjera, tanto con principiantes como con estudiantes de nivel intermedio o avanzado.

Además de como soporte de unos determinados contenidos lingüísticos, el profesor podrá utilizar los anuncios televisivos, como un documento de indudable valor cultural, en el sentido antropológico y sociológico del término. Es evidente que la mayoría de los anuncios proporcionan a un ciudadano extranjero una información muy rica y actual sobre las costumbres de la sociedad a la que van destinados. Por otra parte, hay que tener en cuenta que están diseñados a partir de ciertos implícitos culturales que el estudiante podrá y deberá descubrir.

La experiencia de reunir una serie de anuncios en cintas vídeo y ponerlas a disposición del profesor con una guía de sugerencias de explotación, a modo de banco de material complementario, ha sido llevada a cabo ya con gran éxito por diferentes instituciones y editoriales europeas y americanas para la enseñanza del francés, inglés, alemán, etc., pero todavía no se había realizado para la enseñanza del español como lengua extranjera. Es por todo ello por lo que creemos y esperamos que BUENO, BONITO Y BARATO será un material útil y motivador para todas aquellos docentes que consideren que el acercar a un alumno al idioma extranjero, ofrecerle los medios para alcanzar una verdadera competencia comunicativa, inseparable, a nuestro entender de la cultural, es un largo viaje que sólo puede hacerse andando muchos caminos y, por qué no, el de ese mundo de creación y de comunicación, omnipresente hoy en día en nuestras vidas, que es la publicidad.

SUGERENCIAS PARA LA EXPLOTACIÓN DE BUENO, BONITO Y BARATO

El profesor encontrará en esta guía, para cada anuncio:

— la transcripción del texto,
— una ficha identificadora de la empresa o institución anunciante y del tipo de producto promocionado,
— un listado de contenidos/objetivos lingüísticos, esto es, de los principales aspectos léxicos, gramaticales o nociofuncionales que aparecen en el texto del anuncio y de los que van a necesitar los estudiantes en la realización de las prácticas sugeridas,
— una serie de comentarios sobre aspectos culturales de muy variado orden: se señalan aquellos temas con valor cultural que contiene cada anuncio, se advierte de los implícitos indispensables para la buena comprensión del mensaje, se dan informaciones complementarias que el profesor puede proporcionar a los alumnos, etc.
— varias actividades o ejercicios de tipo muy diverso, de comprensión y de producción, clasificadas según su grado de dificultad (1, 2 ó 3 asteriscos de menor a mayor dificultad) siempre en relación con el nivel en el que se trabaja.

Lógicamente son muy diversas las características de cada grupo destinatario, sus intereses y objetivos, los estilos y los planteamientos didácticos del profesor usuario y, por tanto, muchas más que las aquí sugeridas son las actividades posibles a partir de este material. De ahí que hemos creído útil recordar también una serie de técnicas generales de utilización del vídeo, ya clásicas en la enseñanza de idiomas, que el profesor podrá adaptar a un determinado anuncio (además de los ejercicios propuestos o en su lugar) cuando lo estime oportuno.

ACTIVIDADES CON DOCUMENTOS PUBLICITARIOS

— Se puede distribuir entre los alumnos o presentar en una transparencia una transcripción incompleta del texto del anuncio del que se habrán eliminado previamente elementos importantes para su comprensión o formas ligüísticas en las que se quiera fijar la atención de los estudiantes.

— Los alumnos disponen de una lista desordenada de cosas que suceden en el anuncio y deben, tras uno o varios visionados, reconstruir la secuencia correcta.

— Los alumnos tratan de hacer una lista lo más exhaustiva posible de objetos, personajes, lugares (según la temática del anuncio) que aparecen en las imágenes. Puede plantearse a modo de juego-concurso en el que gana el que ha elaborado la lista más completa.

— Se ofrecen a los alumnos los textos de varios anuncios o varias versiones de un texto similar. Los alumnos en grupo o individualmente, tras varios visionados sin banda sonora, deberán elegir el que crean que mejor se adapta a las imágenes.

— Se proporciona a los alumnos una lista de objetos, personajes o lugares que aparecen en el anuncio.

Planteándolo como un juego - concurso, los alumnos deberán verbalizar, lo más rápido que puedan, cada elemento en cuanto este aparezca en imagen. Si las características de su grupo lo aconsejan, puede insistirse en el aspecto lúdico del concurso, adjudicando puntos al primero que reacciona en cada ocasión.

— Al visionar un anuncio sin sonido, los alumnos tratarán de obtener un máximo de información sobre el mensaje que se ofrece: tipo de producto que se anuncia, cualidades que tiene, utilidad, público destinatario, etc. Luego, se verá el anuncio completo y se constatará el grado de acierto o error en las interpretaciones de las imágenes. Este tipo de actividades puede ser aplicada en muchas ocasiones como un trabajo de preparación de la explotación de un anuncio.

— Los alumnos oyen (sin verlo) un determinado anuncio, piensan en qué imágenes deben corresponder al texto, lo discuten en grupos o con toda la clase y, posteriormente, se ve el anuncio completo y, como en el caso anterior, se constatan errores y aciertos.

— Una parte de los estudiantes ve un anuncio mientras los otros permanecen fuera de la clase. En un segundo momento deberán explicar a sus compañeros lo que sucede en el anuncio. Si sus alumnos se sienten motivados y se prestan fácilmente a ello, puede pedirles a los que han visto el anuncio que lo mimen o escenifiquen. Si lo hacen sin texto, los demás tratarán de adivinar cuál es el producto anunciado, sus características, etc.

— De forma similar a la actividad anterior, una parte de los alumnos ve un anuncio y los otros no. El grupo de alumnos que no lo ha visto deberá hacer preguntas para obtener un máximo de información sobre el producto, lo que sucede en el anuncio, etc. El primer grupo solo podrá responder sí o no.

— A modo de juego también, se pide a un alumno que elija un objeto o un personaje que aparece en un anuncio durante el primer visionado. Luego, los demás intentarán adivinar de quién o de qué se trata formulándole preguntas al que ha escogido el objeto o personaje.

— Los alumnos ven un determinado anuncio, tantas veces como sea necesario, e, individualmente o en grupos, redactan un posible texto, con voz en off y/o diálogos.

— Después de ver varios anuncios, cada alumno elige uno, el que le gusta más, o el que le afecta más directamente. Luego, cada estudiante explica su elección a sus compañeros y la justifica.

— Se ve un fragmento de anuncio y, después, los estudiantes especulan sobre cómo va a desarrollarse a partir de ahí. Una vez discutidas las diferentes sugerencias, se ve el resto del anuncio y se constatan los aciertos o errores.

— Se entrega a los estudiantes un resumen de un anuncio en el que hay errores. Los alumnos deben detectarlos y describir lo que realmente sucede, se ve o se oye en el anuncio.

— A partir de un anuncio de un determinado producto o lugar, y una vez realizada la fase de comprensión, los estudiantes, en grupos, elaboran el guión de un anuncio de otro producto o lugar reproduciendo la estructura del que han visto.

TRANSCRIPCIÓN

Música: saeta

ANUNCIANTE:
RENFE

TIPO DE PRODUCTO:
TREN

CONTENIDOS/OBJETIVOS LINGÜÍSTICOS

Exclamativas: **¡Qué...! / ¡Cuánto/a...!**
Adjetivos calificativos
Usos de **ser: es igual / son parecidos / ...**
Expresar sorpresa y admiración: **¡Qué increíble! / ¡Qué raro! / Nunca había visto algo así / ...**
Comparar: **Esto es igual / idéntico / diferente / parecido / ...**
Añadir algo a lo dicho por otros: **No ha dicho...**
Corregir lo dicho por otros: **Ha dicho "x" pero...**
Expresiones: **tren de vida** y **mejorar el tren de vida**

CONTENIDOS CULTURALES/OBSERVACIONES

El anuncio utiliza como referente las procesiones de Semana Santa, una tradición española conocida internacionalmente. Los elementos con los que juega son: la música de fondo (una saeta), la luz de las velas (en este caso de los faros), ya que la mayor parte de las procesiones se celebran por la noche, el paso lento y característico de la procesión al redoble del tambor, los colores plateados o dorados de los pasos (cuando en el anuncio se ilumina el puente, etc).

Además, el anuncio juega, sin citarlas, con una serie de expresiones de carácter religioso que los españoles asocian inmediatamente a una situación como ésa: **ser una cruz, ser un calvario, la dolorosa, la procesión va por dentro, ir más lento que una procesión de Semana Santa...**

Si éste es el primer anuncio de RENFE (Red Nacional de Ferrocarriles Españoles) que trabaja en su clase, convendrá comentar a los estudiantes que en España es mucho más frecuente que en otros países europeos el uso del transporte privado, tanto en los desplazamientos cotidianos por la ciudad como en viajes interurbanos. Por esa razón son frecuentes los atascos:

— En las grandes ciudades en las horas punta (especialmente entre 8 h. y 9 h. de la mañana, 4 h. y 6 h. de la tarde y entre 20 h. y 21,30 h., aproximadamente) de los días laborables,

— tanto los viernes por la tarde como los domingos por la noche suele haber grandes embotellamientos para entrar en las grandes ciudades, ya que buena parte de sus habitantes opta por pasar el fin de semana en su segunda residencia (ya sea junto al mar, en la montaña o en el pueblo de donde procede la familia),

— a la salida o al regreso de vacaciones: en Navidad, en Semana Santa y en las de verano (divididas éstas últimas entre julio y agosto, si bien la mayoría de trabajadores las tienen en agosto), y

— en los "puentes", días laborables que, por coincidir un día festivo cerca de un fin de semana, se convierten también en festivos.

EXPLOTACIONES

**

Convendría trabajar este anuncio asociado a un reportaje o a documentos sobre una auténtica procesión de Semana Santa. En ese caso puede trabajarse de dos formas:

— o visionando primero el anuncio para que, sin más datos culturales, los estudiantes descubran una serie de características del anuncio que les resultan sorprendentes: el atasco que, quizá, en su país no es frecuente, la música, etc., para, en un segundo momento, pasarles una verdadera procesión para que vayan descubriendo y formulando las coincidencias: **las luces, el ritmo, las canciones, la tristeza**,...

— o bien se trabaja primero el reportaje sobre las procesiones de Semana Santa para que los estudiantes se familiaricen con esa tradición, expresen su sorpresa o su admiración y la comparen con la tradición de su país. Luego, verán el anuncio de RENFE y serán los propios estudiantes los que irán descubriendo el juego de similitud entre la procesión y el anuncio.

** **

Puede realizar, también, una explotación de tipo cultural. A partir del reportaje sobre la Semana Santa y de este anuncio, o solamente con el anuncio, los alumnos, en grupos o por parejas, confeccionarán una lista de lo que, a su juicio, son los elementos que caracterizan la Semana Santa. Luego habrá una puesta en común: un portavoz de cada grupo leerá la lista de su grupo y el resto de estudiantes irá comentando lo que les falta o lo que no les parece significativo: **No habéis hablado de las luces. / Habéis dicho "el tren" y el tren no es importante, ...**

Cuando la clase se ha puesto de acuerdo sobre lo que caracteriza la Semana Santa, se puede realizar un trabajo contrastivo. Los alumnos, en español, harán una lista similar sobre la tradiciones existentes en su país en Pascua para poder constatar semejanzas y diferencias entre unas y otras.

2

TRANSCRIPCIÓN

Música: seguidilla

ANUNCIANTE:
RENFE

TIPO DE PRODUCTO:
TREN

CONTENIDOS/OBJETIVOS LINGÜÍSTICOS

Adjetivos: **lento, rápido, triste, alegre**, ...
Grado del adjetivo: **- ísimo / a**
Oraciones causales con **porque**
Presente del verbo **gustar**
Pronombres personales tónicos de O.I.: **a mí / a usted /** ...
Pronombres personales átonos de O.I.: **me / te/ le /** ...
Presente del verbo **pasar**
Adverbios: **también / tampoco, siempre / nunca / a veces /** ...
Expresar gustos y preferencias
Léxico referido a la circulación: **atasco, embotellamiento,** ...
Expresiones: **tren de vida** y **mejorar el tren de vida**

CONTENIDOS CULTURALES/OBSERVACIONES

El anuncio se ha basado en una "seguidilla", un poco transformada, y ha aprovechado dos conceptos muy arraigados en el inconsciente colectivo español: que las palmas —y los aplausos— significan alegría y que el "cante jondo" se indentifica siempre con un lamento.
Respecto al transporte y la circulación en España, véanse comentarios propuestos para el anuncio 1.

EXPLOTACIONES

❋

En lugar de explicar usted mismo el significado positivo de las palmas y el negativo del lamento, puede hacer que los estudiantes lo deduzcan con preguntas de comprensión de cada situación del tipo:

P. ¿Por qué hay tantos coches?/¿Como se llama en español a esto?/¿Es agradable encontrarse en una situación así?/¿Es alegre la música que se oye?/¿Qué pasa en las otras imágenes?/¿Cómo es la música de estas imágenes?

...

Puede, luego, pasar a explicar a sus estudiantes la expresión **tren de vida**, o sea, nivel de vida en cuanto a lujo y comodidades. Se les estimulará a que discutan en grupos qué defiende el anuncio.

❋ ❋

Luego, puede hacer que los estudiantes, en pequeños grupos, se entrevisten entre sí para saber en qué tipo de medio de locomoción prefiere viajar cada uno. Eso dará pie a intercambios de este tipo:

- **¿Qué te gusta más, viajar en tren o en coche?**
- ○ **Yo prefiero viajar en coche / metro.**
- **A mí me gusta más...**

❋ ❋

En lugar de ser usted el que explique cuándo se producen estos atascos en España, puede tratar de que entre todos los alumnos lo adivinen ya sea discutiéndolo en grupos, lo que supondrá una negociación muy interesante entre ellos, o bien a base de preguntas del tipo:

P. ¿Cuándo crees que hay más atascos, a las ocho de la mañana o a las once de la mañana?¿Por qué?¿Sabes a qué hora terminan los colegios?

...

Todo ello llevará a la clase a informarse de muchos aspectos de la vida cotidiana de los españoles que, quizá, ignoraban hasta ese momento. Una vez obtenida esa información, los estudiantes podrían escribir en la pizarra todos esos datos y luego, entre todos, decidir cuáles son los hábitos del país donde se imparten las clases:

- **Los españoles utilizan mucho el coche particular.**
- ○ **Aquí también. / Aquí nunca tenemos atascos. / ...**

Una vez realizada la explotación anterior, puede trabajar el anuncio siguiente. Para ello puede realizar las explotaciones que allí se detallan.

El objetivo fundamental de trabajarlos juntos es para que los estudiantes pongan en relación una situación de atascos en carretera o en ciudad con la otra cara: la ciudad vacía porque se está retransmitiendo en directo un partido de fútbol.

TRANSCRIPCIÓN

ANUNCIANTE:
TELEVISION ESPAÑOLA (TVE)

El éxito de algunos programas de televisión se ve en la calle.

Aprenda a usar la televisión.
Consulte la programación.

CONTENIDOS/OBJETIVOS LINGÜÍSTICOS

Imperativos
Futuro de probabilidad
Expresar hipótesis: **quizá** / **tal vez** / **a lo mejor** / Futuro de probabilidad

CONTENIDOS CULTURALES/OBSERVACIONES

Este anuncio puede ser un buen pretexto para comentar que el fútbol tiene, contrariamente a lo que se cree en el extranjero, muchísimos más seguidores que los toros, por lo que es considerado "el deporte nacional". Es un deporte masculino: los hombres, de jóvenes, lo practican regularmente y, ocasionalmente, de adultos, pero es muy raro encontrar algún hombre español que no esté afiliado a algún club de fútbol o que no tenga una clara preferencia por alguno de los equipos.

En España se juega la Liga, que dura nueve meses, de septiembre a junio, y en la que juegan todos contra todos, y la Copa del Rey, que se juega por eliminatorias a un solo partido entre los equipos de primera y segunda división, a la vez que la Liga. Además, se juega la Copa de Europa, jugada por los campeones de Liga, y los campeones de Copa juegan la Recopa. Los meses de verano son, por tanto, los únicos en los que no hay fútbol oficial, pero, durante ese tiempo, se juegan infinidad de torneos a los que se suele invitar a equipos extranjeros. Algunos de esos torneos son el "Teresa Herrera" (La Coruña) y el "Ramón de Carranza", de Cádiz.

El fútbol suele ser un conflicto habitual entre las parejas tradicionales españolas, dada la excesiva afición de los hombres según sus mujeres.

Quizá puede resultar interesante fijarse en la voz del locutor cuyo texto es éste:

Locutor:
Atención, hay tres hombres a la espera y Zubizarreta. Se adelantó Mackey que era el hombre que entraba cuando Gordillo y Michel han iniciado este contraataque español. Balón para Gordillo...

para que los estudiantes vean si, en su país, los partidos de fútbol se retransmiten del mismo modo o, por el contrario, los locutores tienen un estilo distinto.

Las imágenes del anuncio corresponden a Madrid, al Paseo de la Castellana, fundamentalmente.

EXPLOTACIONES

<hr>

*

Puede presentar este anuncio, sin banda sonora, inmediatamente después del anuncio de RENFE (2) para realizar un pequeño trabajo sociológico: allí las carreteras están abarrotadas de coches y, sin embargo, en este anuncio se muestra una ciudad sin un coche. Pregunte a sus estudiantes a qué puede ser debido. Ellos deberán expresar diversas hipótesis. Si lo cree conveniente, puede usted dirigir los temas sobre los que especular: **Tal vez es muy tarde. ¿Qué hora puede ser?**, con lo que se puede repasar los conocimientos de los estudiantes sobre los horarios habituales en España y compararlos con los de su país; **Quizá es un día especial, ¿qué día pude ser?; Quizá está pasando algo muy importante, ¿qué puede pasar?**, etc. Cuando estén agotadas las posibilidades, puede volver a poner el anuncio, esta vez con banda sonora. Algunos estudiantes no identificarán fácilmente que se trata de un partido de fútbol, por lo que deberá usted ayudarles a movilizar conocimientos que poseen sobre España:

P. **Es por un deporte.**
   ¿Qué deporte puede ser?
● **Ni idea.**
   ¿Seguro que no sabes qué deporte es el más famoso de España?

...

<hr>

**

Puede, luego, preguntarles en qué situaciones, en su país, podría pasar que la gente se encerrara en su casa a ver la tele para que los alumnos hagan un pequeño trabajo de contraste cultural.

ANUNCIANTE: *TEMPO* **TIPO DE PRODUCTO:** *PAÑUELOS DE PAPEL*	**TRANSCRIPCIÓN** Esta mujer lleva en el bolso dos toallas para la cara, tres baberos para los niños, dos servilletas para las manos, dos pañuelos para la nariz y una gamuza para las gafas. Salga de casa con Tempo. Tempo. El pañuelo de bolsillo. Este hombre lleva en el bolsillo un cepillo para los zapatos, dos paños para las gafas, tres pañuelos para la nariz, dos toallas para las manos y dos gamuzas para los cristales del coche. Salga de casa con Tempo. Tempo. El pañuelo de bolsillo.

CONTENIDOS/OBJETIVOS LINGÜISTICOS

Usos de **para**: **para** + sustantivo/Infinitivo
Numerales cardinales
Posesivos
Léxico de objetos de uso cotidiano
Control de la comunicación. Recursos para pedir una traducción: **¿Cómo se dice en español...?** / **¿Cómo se llama esto en español?/ ¿Cómo se escribe?/...**
Recursos para formular hipótesis: **yo creo/a mí me parece que.../...**

CONTENIDOS CULTURALES/OBSERVACIONES

En caso de trabajar con los dos anuncios de Tempo, puede resultar interesante culturalmente hacer sacar a los estudiantes algunas conclusiones sobre los roles mujer/hombre que presenta esta publicidad a partir de los contenidos del bolso y del bolsillo. Puede provocar una pequeña polémica, si el nivel de los alumnos lo permite, haciéndoles opinar sobre la realidad actual del papel social de la mujer en España y en el país de origen de los estudiantes con preguntas cómo:

- ¿Crees que los baberos siempre los lleva la mujer?
  ¿Y el coche? ¿Quién conduce normalmente?

Para ello convendrá, en algunos casos, combatir algunas imágenes excesivamente tópicas que se tienen en el exterior de la sociedad española y aludir a la progresiva incorporación de la mujer al mundo profesional, a la implicación cada vez mayor de los hombres en las tareas del hogar, etc.

EXPLOTACIONES

*

Para preparar el visionado del anuncio puede pedir a sus alumnos que confeccionen una lista con el contenido de sus propios bolsos y bolsillos, estimulándoles a usar la construcción **para** + sustantivo. Para ello probablemente necesiten, en este nivel, léxico que todavía no conocen y para obtenerlo puede resultar interesante hacerles trabajar en parejas con diccionario y/o ayuda del profesor. El proceso mismo de obtención de este léxico, la negociación que mantendrán las parejas en la elaboración de las listas, constituirá una tarea interesante.

*

Puede proceder después al visionado parcial del primer anuncio (hasta **gafas**). Los alumnos deberán anotar el máximo de objetos, y, entre todos, reconstruir la lista completa. Luego, puede preguntarles qué tienen en común todas las cosas que lleva la señora en el bolso (sirven para limpiar). En un último momento se volverá a visionar el anuncio entero y los alumnos describirán los usos de los pañuelos de papel: **Sirven para...** Puede repetir después la misma mecánica con el segundo anuncio.

*

Otro modo de abordar la comprensión del anuncio puede consistir en entregar a los estudiantes una lista de objetos de uso cotidiano en la que tendrán que identificar los que aparecen citados en el anuncio.

* *

Los alumnos pueden luego explicar a sus compañeros si usan pañuelos de papel y para qué los usan, con lo que volverá a practicar la estructura **para + sustantivo/Infinitivo.**
Si algún alumno lleva en su bolso o bolsillo algo no muy corriente, puede estimular a los alumnos a mantener intercambios del tipo:
- **¿Y por qué llevas...?**
- **Para...**

* * *

Una actividad de tipo lúdico puede consistir en lo siguiente:
— El profesor retoma las listas que confeccionaron los alumnos al principio con el contenido de sus bolsos o carteras y las va leyendo.
— Los estudiantes tratan de adivinar a quién pertenece cada lista.
— El propietario de cada conjunto de objetos tiene que identificar su lista, cuando la lea el profesor y después de que los compañeros hayan especulado.
Con todo ello se retomarán todos los recursos que se han ido practicando en el trabajo de comprensión auditiva, y, además, se practicarán formas para expresar la posesión y para formular hipótesis.

5

TRANSCRIPCIÓN

ANUNCIANTE:
TRINARANJUS

TIPO DE PRODUCTO:
REFRESCO

— Oye, ¿tú sabes qué es el Maracuyá?
— Ni idea, chico.
— Una melodía o ...
— Es un estadio de fútbol.
— Uff... Maracuyá...
— O... un árbol raro chino o...
— Maracuyá es la discoteca esta nueva.

Maracuyá es el fruto de la pasión y Trinaranjus lo convirtió en refresco para ti.
Trinaranjus de Maracuyá.

— Trina... trinaranjus ¿de qué?

CONTENIDOS/OBJETIVOS LINGÜÍSTICOS

Usos del verbo **ser: ser** + grupo nominal
Adjetivos calificativos
Usos de **parecer**
Conjunciones: **o ... o**
Control de la comunicación: pedir aclaración sobre una parte del discurso: **¿de qué?**
Expresar que no se dispone de una cierta información: **¿El Maracuyá? ¿Maracuyá?**
Deletrear
Definir: **es un/a... de..., es el/la / este/a...**
Expresar ignorancia: **Ni idea**
Preguntar por la finalidad: **¿Para qué...?**
Comparar: **son iguales / parecidos / son muy distintos / van vestidos igual / ...**

CONTENIDOS CULTURALES/OBSERVACIONES

En este anuncio pueden distinguirse distintos tipos de jóvenes, todos ellos representativos de la actual juventud española: quinceañeros estudiantes de enseñanza media, universitarios... Algunos están muy marcados: la primera chica que interviene en el anuncio sería tachada de "cursi", el primer y el último chico serían tachados de "pijos" (niños bien amantes de las cosas caras y con un cierto complejo de superioridad económica)... Puede ser interesante que, sin sonido, sus estudiantes se fijen en el tipo de jóvenes que aparecen en este anuncio (modo de vestir, peinado, actitud, etc.) y los comparen con los jóvenes del país donde se imparten las clases.

EXPLOTACIONES

*

Después del visionado, puede centrar la atención de los estudiantes en la estructura **¿... de qué?** usada para pedir repetición o aclaraciones sobre una parte del mensaje. Luego, puede comentar que ese mismo mecanismo comunicativo puede presentarse con otras estructuras del mismo tipo: **¿con qué?** / **¿para qué?**, ... ; si el receptor ha entendido que se trata de una persona: **¿de / con / para / ... quién?**; si ha entendido que se trata de un lugar: **¿de / a / hasta / ... dónde?**, etc.

Para activar estos recursos puede proponer que los estudiantes, o usted mismo, planteen a sus compañeros opiniones sobre productos que crean que los otros no conocen, como por ejemplo: **A mí me encanta el turrón de Jijona** / **Me gusta mucho el batido de chirimoya** / **¿Tú sabes qué es un bocadillo de morcilla?/...**, lo que provocará intercambios que movilizarán los recursos presentados en este anuncio. Puede aprovechar para practicar el deletreo:

- **¿De qué?**
- **De Jijona. Jota, i, jota, o, ene, a.**

* *

Una vez que se ha visto el anuncio una o dos veces y se ha trabajado el texto para determinar todos los recursos que se emplean para controlar la comunicación y para dar definiciones, los estudiantes, individualmente, buscarán en el diccionario palabras que crean que sus compañeros no conocen o que quizá no recuerden. Cuando el estudiante haya encontrado la palabra, les pedirá a sus compañeros que se la definan:

- **¿Tú sabes qué es un ruedo?**
- **¿Un ruedo? Ni idea.**
- ▲ **Sí, un ruedo es una cosa redonda...**
- **No, eso es una rueda. ¿Un ruedo, dices?**

...

* *

El anuncio muestra una serie de prototipos de la juventud española que abarca desde los estudiantes de Enseñanzas Medias, hasta los universitarios y una probable profesora de Instituto. Puede aprovechar las imágenes para que sus alumnos comparen los prototipos que aquí aparecen con los de los jóvenes del país donde se imparten las clases o del que proceden los estudiantes. Para ello tendrán que fijarse en el peinado, la ropa que utilizan, la actitud que tienen, etc.

Puede, también, tratar de que sus estudiantes identifiquen el carácter de cada uno de los jóvenes que sale en el anuncio tanto por como van vestidos como por lo que dicen. Hágales notar que hay diferencias de carácter entre el que dice: **"Ni idea, chico"** o el que dice: **Maracuyá es la discoteca...** Es posible que tenga que suministrar léxico coloquial para definir a alguno de los personajes: **ser un pijo / un niño bien / un niño de papá / ser un repipi / un chulo / un pasota / ...**

TRANSCRIPCIÓN

ANUNCIATE:
LITORAL

TIPO DE PRODUCTO:
PLATOS PREPARADOS

Como lo mejor de nuestra tierra, con las más sabias recetas y con todo el tiempo que necesitan.
Así son las especialidades Litoral.
Lo más auténtico de nuestra gastronomía.
Litoral. Conservamos lo auténtico.

CONTENIDOS/OBJETIVOS LINGÜÍSTICOS

Lo + adjetivo
Usos de **con**
Superlativos
Léxico de la alimentación y la cocina
Explicar una receta: **Lleva... / Se hace con... / Es un... / Se** + Presente / ...
Preguntar sobre la composición de un plato: **¿Qué es...? / ¿Qué lleva? / ¿Con qué se hace? /** ...

CONTENIDOS CULTURALES/OBSERVACIONES

Este anuncio puede ser un pretexto para suscitar en clase un pequeño trabajo cultural sobre la cocina típica española.
Es imprescindible, en este sentido, explicar a los alumnos que la cocina española, dada la gran variedad climática de las diferentes regiones, es también extremadamente variada y que casi no se puede hablar de cocina sino de cocinas españolas (vasca, catalana, manchega, andaluza, extremeña, etc.). Puede proporcionarles más información sobre los platos más característicos de cada región si ello les interesa. Por ejemplo:

— el cocido madrileño y los callos a la madrileña,
— la paella y arroces valencianos,
— los asados castellanos (cochinillo y cordero),
— la caldereta extremeña,
— el bacalo al pil pil, la merluza, las cocochas del País Vasco,
— el "pescaíto" frito andaluz,
— los mariscos, el pulpo y la empañada gallegos,
— las migas manchegas, etc.

También puede resultar interesante comentar, en relación al anuncio, que todavía en España el consumo de platos cocinados está poco extendido y que, en las familias tradicionales, se guisa todavía mucho en casa. Sin embargo, con la progresiva incorporación de la mujer al mundo laboral, la tendencia, al igual que en otros países de nuestro entorno, es simplificar la cocina, comer en los lugares de trabajo y, en muchos casos, la pérdida de las tradiciones culinarias.

EXPLOTACIONES

❋

Un primer trabajo de aproximación, de orden lingüístico y cultural, puede consistir simplemente en pedir a los alumnos que, durante uno o varios visionados del anuncio, elaboren, tomando notas, una lista de todos los productos que aparecen en la imagen. Se trata de ingredientes básicos en la cocina española y de una serie de platos de la cocina tradicional. Aparecen en imagen: **tomates, cebollas, ajos, aceite de oliva, morcillas, chorizos, tocino, alubias, lentejas con chorizo, cocido español, fabada asturiana, callos y pimentón.** Esta actividad se puede plantear a modo de concurso para valorar luego quién tiene la lista más larga si este tipo de juego motiva a sus alumnos.

❋

Para ampliar la primera actividad con un trabajo contrastivo, se puede pedir a los alumnos que, individualmente o en grupo, elaboren una lista de los ingredientes básicos y de los platos más representativos de la cocina de sus propios países. Como ya se ha señalado en otras actividades sugeridas, el proceso mismo de negociación en el seno de cada grupo y la búsqueda de los recursos lingüísticos para la elaboración de la lista, serán tareas didácticamente muy interesantes.

❋ ❋

Si sus alumnos proceden de culturas diferentes, puede resultar motivador que cada uno presente la lista de platos e ingredientes básicos al resto de la clase y explique en qué consisten aquellas cosas que sean desconocidas por sus compañeros. Pueden imaginar también cómo explicarían brevemente a un extranjero en qué consiste y cómo se prepara un determinado plato típico de su país. De este modo se practicarán los recursos para dar y pedir información sobre alimentos incluidos en la ficha de contenidos: explicar una receta, preguntar por la composición de un plato, etc.
Puede estimular a sus alumnos a usar **lo mejor / el mejor de los platos de... / la mejor receta / ...** preguntándoles cuáles son sus platos preferidos.
También puede pedir a sus alumnos que expliquen a sus compañeros la receta del plato que mejor les sale. Los demás deberán tomar notas.

❋ ❋

Para explotar específicamente el texto del anuncio, tras uno o varios nuevos visionados, puede pedir a los alumnos que expliquen cuáles son a su entender las tres cosas más importantes para hacer un buen plato. Luego, puede pedirles que centren su atención en descubrir las tres cosas que se necesitan para hacer las conservas Litoral:
— **lo mejor de nuestra tierra**
— **las más sabias recetas**
— **todo el tiempo que necesitan**
Deberá hacerles deducir también el doble sentido de la expresión **conservamos lo auténtico:** mantener, hacer perdurar, en el sentido de las tradiciones y **conservar** en el sentido de **hacer conservas...**

7

TRANSCRIPCIÓN

¿Y tú cómo lo haces?

Estoy haciendo un guisado de carne de buey, que, por cierto, hoy estaba muy bien de precio en el mercado. Mira, le pongo un sofritito con cebolla, tomate, vino blanco, laurel. Le pongo dos pastillas de Avecrem, porque es que si no mi marido lo nota.
Avecrem. Gallina Blanca.

ANUNCIANTE:
AVECREM

TIPO DE PRODUCTO:
CALDOS CONCENTRADOS

CONTENIDOS/OBJETIVOS LINGÜÍSTICOS

Presente de los verbos **hacer, poner**
Estar + Gerundio
Pesos y medidas
Léxico de la alimentación y la cocina
Expresiones: **por cierto**, **está bien de precio**
Porque es que si no
Recursos para describir una receta: **le pongo / añado / echo / ..., lo hago / hiervo / frío / ...**
Recursos para presentar una secuencia: **primero / después / luego / y entonces / al final / ...**

CONTENIDOS CULTURALES/OBSERVACIONES

La receta que se describe en el anuncio es un plato clásico en la comida casera española, que, con ligeras variantes, se puede encontrar en la mayoría de cocinas regionales.
Algunos de los ingredientes utilizados son elementos también omnipresentes en la cocina española (el vino, el ajo, la cebolla, el tomate, etc.). En particular deberá comentarse a los alumnos qué es un **sofrito**, base de muchos platos y que consiste en cebolla, tomate, y a veces ajo, lentamente preparados en aceite de oliva. Hágales observar que en el anuncio se dice **sofritito** y que al describir una receta este tipo de diminutivos es muy frecuente (**unas patatitas, un tomatito**, etc.)
Este anuncio puede ser un pretexto para suscitar en clase un pequeño trabajo cultural sobre la cocina típica española. (Véase el apartado de comentarios culturales del anuncio 6.)

EXPLOTACIONES

---

*

La primera tarea de comprensión puede consistir simplemente en pedir a los alumnos que elaboren una lista con todos los ingredientes que aparecen en el anuncio, en las imágenes o citados.

Tras el trabajo individual, se puede hacer una puesta en común, proporcionando las explicaciones léxicas necesarias, y elaborar la lista completa.

Puede complementar esta fase haciendo algunas preguntas de comprensión como, por ejemplo:

P. ¿Por qué prepara hoy buey?
   ¿Por qué añade pastillas de Avecrem?

---

* *

Entre todos pueden también tratar de imaginar cómo se prepara exactamente este guiso de buey. En realidad, en la descripción que hace el ama de casa hay grandes implícitos y se sobreentiende que el televidente es español: los alumnos deberán reconstruir la secuencia en la que se incorporan los ingredientes, imaginar cómo se prepara un sofrito, deducir que se añade agua, que el laurel y el vino se ponen al final, etc.

---

* *

Como trabajo de extensión, los alumnos, en grupos o individualmente, escribirán el texto de un anuncio de un determinado producto siguiendo el esquema del de Avecrem: se explica una receta que se está preparando, se razona por qué se hace ese determinado plato y por qué se incorpora determinado ingrediente. Los grupos tendrán que:

— decidir qué plato van a preparar y describirlo,
— buscar en el diccionario o preguntar al profesor o a otros compañeros el léxico desconocido que precisen,
— redactar el texto completo,
— inventar un "slogan",
— representar o leer el anuncio.

TRANSCRIPCIÓN

ANUNCIANTE:
ALIMENTOS DE ESPAÑA

TIPO DE PRODUCTO:
ALIMENTOS

España, tu país, son muchos países diferentes. En unos llueve. Hay pastos y leche. En otros, sol y vino y frutas y verduras.
Aquí hay variedad.
Aprovéchate. Disfruta en estas fechas más que nunca de los alimentos que dé nuestra tierra.
Alimentos de España, también en Navidad. Disfrútalos.
Y felicidades.

CONTENIDOS/OBJETIVOS LINGÜÍSTICOS

Usos del verbo **estar**
Usos del verbo **ser** (+ grupo nominal)
Hay / estar
Usos del indeterminado: **un/a/os/as**
Otros/a/os/as
Usos de **muchos** y **todos**
Usos de **para**
Adjetivos posesivos: **mi / tu / su** + sustantivo
Allí / aquí
Pronombres átonos: **lo / la / ...**
Control de la comunicación: **¿Cómo se llama esto en español / ¿Cómo se escribe? / ...**

CONTENIDOS CULTURALES/OBSERVACIONES

Esta es una campaña patrocinada por el Ministerio español de Agricultura, Pesca y Alimentación para promocionar los productos españoles y defender la dieta mediterránea, emitida en Navidades.

La selección de productos alimenticios que ofrecen las imágenes de este anuncio dan una imagen bastante detallada de lo que constituye la dieta tradicional de los españoles. El estudiante podrá, con las diversas explotaciones propuestas, saber cuáles son los ingredientes típicos de la cocina española. Convendrá, también, informarles de que, en el marco urbano, la alimentación es mucho más cosmopolita, con gran abundancia de hamburgueserías, restaurantes italianos, chinos, etc., pero, aún con todo, coexiste la dieta mediterránea, habitual en las comidas familiares, en los restaurantes caseros y en las zonas rurales.
Vale la pena aprovechar este anuncio para hablar un poco del clima de España y relacionarlo con la producción agrícola y ganadera más importante de cada región.

Puede resultar interesante trabajar este anuncio inmediatamente antes o después del de Alimentos de Andalucía.(9)

Comente el significado del verbo **disfrutar** y haga que sus estudiantes, por sí mismos, descubran el juego de palabras: **fruta - disfruta.**

EXPLOTACIONES

*

Puede plantear el visionado del anuncio como un ejercicio para que los estudiantes tomen notas de todos los productos alimenticios que ven. Puede plantearlo a modo de concurso: el que consiga anotar más alimentos, gana. La tarea será más fácilmente realizable si su vídeo dispone de un "ralentizador" de imágenes.

Luego, volverá a visionar el anuncio para que los estudiantes pregunten por todo lo que no saben, lo que dará lugar a una interesante práctica de los recursos de control de la comunicación **¿Cómo se llama esto? / ¿Cómo se pronuncia? / ¿Cómo se escribe? / ...**

Pueden, luego, comparar todos estos productos con los que existen en su país para descubrir las semejanzas y las diferencias. Esto dará lugar a intercambios de este tipo:

- **Aquí no hay / no tenemos... pero hay / tenemos...**
- ○ **En esta región hay más / menos... que...**
- **Aquí también hay / tenemos...**

*

Después de la explotación anterior puede entregar a sus estudiantes una fotocopia en la que habrá dibujado un elemental mapa de España y donde estará indicado el clima más representativo de las grandes regiones (Por ejemplo: lluvias en el Norte Cantábrico, sol en Extremadura y Andalucía, etc.). Los estudiantes, visionando el anuncio, tratarán de ir escribiendo los alimentos que corresponden a cada zona.

Una vez terminada esta actividad, compararán los resultados obtenidos con la realidad de su propio país.

*

Una vez elaborada toda la lista de alimentos, en pequeños grupos o en parejas, los estudiantes deberán hacer una lista de los productos que habitualmente componen la despensa de sus casas y, con las imágenes del vídeo, irán señalando de entre los Alimentos de España cuáles no están jamás en su despensa, cuáles algunas veces y cuáles nunca:

- **En casa nunca hay aceite de oliva porque aquí es carísimo.**
- ○ **En casa, tampoco.**

*

Finalmente, entregue la transcripción del anuncio a sus estudiantes y plantéeles la siguiente tarea: el texto del anuncio está destinado a españoles que están en España, ¿cuántas cosas deben cambiar ellos, que están fuera de España, para que el texto se adapte a su situación?

Esta tarea tiene como objetivo un trabajo con los adjetivos posesivos y deícticos que puede resultar útil para reflexionar sobre cómo el mensaje debe adecuarse siempre al receptor.

TRANSCRIPCIÓN

ANUNCIANTE:
ALIMENTOS DE ANDALUCIA

TIPO DE PRODUCTO:
ALIMENTOS

Azul que te quiero fresco.
Color que te quiero viva.
Andalucía que te quiero Andalucía.
Negro que te quiero auténtico.
Sol que te quiero alegre.
Alimentos de Andalucía,
verde que te quiero verde.

CONTENIDOS/OBJETIVOS LINGÜÍSTICOS

Colores
Adjetivos calificativos: **vivo, alegre, auténtico,...**
Presente de Indicativo de **querer**
Usos de **haber** y **tener**
Comparar: **más / menos... que**
Hablar de la existencia o de la inexistencia algo: **hay / no hay / tienen / ...**
Describir.
Reaccionar ante una información nueva: **(yo) creía que / no sabía que...**

CONTENIDOS CULTURALES/OBSERVACIONES

Conviene explicar a los estudiantes que el verso de Federico García Lorca —**verde que te quiero verde**— está perfectamente integrado en el acervo cultural de todos los españoles sin distingos de clase ni de cultura. Muchos españoles ignoran de dónde procede la frase, pero la conocen y la emplean como pueden usar un refrán. Todo el anuncio, por tanto, será más comprensible, si se parte del verso de Lorca y se fija la atención en su efecto poético. Debe advertirse a los estudiantes de que la estructura **... que te quiero...** sólo tiene existencia poética y no existe en el habla.

Deberá hacerse alusión a los aspectos picassianos de los dibujos que aparecen y a una música que imita las composiciones más conocidas de Manuel de Falla.

Si lo juzga necesario, antes de proceder a la explotación, podría hacer que los estudiantes se fijaran en los colores de la bandera andaluza (verde y blanco) y vieran la relación entre el **verde** (bandera, viñas y olivos, color de muchas ventanas y puertas, ...) y lo andaluz.

Como dato curioso, puede comentar que junto al jamón hay una copa de jerez. Para los españoles esta imagen es inconfundible: esa copa es de jerez, de fino o de un vino amontillado, pero jamás de vino blanco. El vino blanco se puede tomar en vaso o en una copa de vino, pero nunca se tomará en lo que en España se llama una "copa de jerez". Puede aprovechar para informar a sus estudiantes de la costumbre andaluza de tomar **un fino** como aperitivo de la comida y de la cena.

EXPLOTACIONES

✳

Tras el primer visionado y después de haber comentado la relación con el verso de Lorca, puede entregar a los estudiantes unas fotocopias, que previamente habrá preparado, con dos columnas: en la primera columna habrá una lista de colores, en la segunda, una lista de adjetivos. Los estudiantes tendrán simplemente que señalar los colores y adjetivos que se han mencionado en el anuncio.

✳

Puede proponer un visionado sin banda sonora. Los estudiantes, en un primer momento, tendrán como tarea hacer una lista en español con el nombre de todos los productos alimenticios propios de Andalucía, que son los que aparecen en las imágenes: pescado, aceitunas, uvas, melocotones, kiwis, aceite, jamón, jerez, etc. Tras varios visionados, se hará una puesta en común para intercambiar la información que ha obtenido cada estudiante para, posteriormente, hacer un trabajo comparativo entre los alimentos andaluces y los que se producen en la región donde se realizan las clases. Esto permitirá la práctica de estructuras como: **Aquí no / también hay / no tenemos... pero hay / tenemos.../ En esta región hay más / menos... que.../...** Deberán producirse intercambios como:

- ● **Aquí no tenemos naranjas.**
- ○ **Ya, pero tenemos vino.**

✳

Con la lista de alimentos y otros productos alimenticios típicamente españoles que sus estudiantes ya conocerán, puede pedirles que, en grupos, diseñen varios menús. Luego, un estudiante de cada grupo simulará ser un camarero y les entregará a otros compañeros el menú que han confeccionado para que cada uno decida lo que quiere tomar de aperitivo, de primer plato y de segundo.

En la realización de este ejercicio pueden surgir problemas como, por ejemplo, pedir o sugerir jamón de segundo plato o ignorar que las aceitunas suelen tomarse como aperitivo, lo que puede ser aprovechado para realizar un trabajo de contraste cultural, comparar los hábitos andaluces (tipo de alimentación, horario de comidas, desayuno ligero y comida abundante, etc.) con los del país en donde se imparten las clases y buscar las diferencias y las semejanzas.

✳ ✳

Además de la referencia a los alimentos, en este anuncio se transmite una visión de una serie de elementos culturales propios de Andalucía: Picasso, el flamenco, los toros, la música de Falla, la cerámica, etc., se alude al buen clima —el sol— y al carácter alegre de la gente.

Haga que antes del visionado del anuncio, los estudiantes escriban en un papel todo lo que saben de Andalucía —o de España, si no son capaces de hacer diferenciaciones regionales—. Después, durante los visionados, los estudiantes, individualmente o en grupos, recopilarán los máximos aspectos culturales posibles. A partir de aquí los estudiantes pueden:

— comparar su conocimiento previo con el posterior: **Yo no sabía que Picasso era andaluz / Yo creía que...**
— hablar de su experiencia en Andalucía (los que hayan estado allí) y compararla con la imagen que da el anuncio: **Hay mucha gente que no va a los toros. / Todos bailan flamenco, es verdad. / ...**
— enumerar los tópicos que se atribuyen al país de los estudiantes y discutir sobre la veracidad de los tópicos en general.

TRANSCRIPCIÓN

—¡Eeeeh!
—Paren máquinas, hombre a babor.
—Corriendo, volando, volando.
—¡Ánimo, hombre!
—¡Pa habernos matao...!
—Nada, nada.
—¡Qué hambre he pasado, Dios mío!
—¡Comida!, comida para este hombre, rápido,
rápido, comida para este hombre.
—Comida, comida.
—Ya ha pasado todo, hijo.
—¿Y la Casera?
—¡Tráiganle una Casera!
—¡Una Casera!
—Pero vaya usted comiendo.
—Yo es que sin Casera no...
—¿Y la Casera? ¡Marchando! ¡Oh!, vamos, hijo...
—No, yo sin Casera no como.
—Pero hombre, coma...
—¡Que no!
—No sea usted así.
—¡Que no, que no como!
Locutor off:
La Casera, no coma sin ella.

ANUNCIANTE:
LA CASERA

TIPO DE PRODUCTO:
GASEOSA

CONTENIDOS/OBJETIVOS LINGÜÍSTICOS

Imperativos
Usos de **para** y **sin**
Expresiones: **corriendo** / **volando** / **rápido**
Expresión de sensaciones: **estar cansado / agotado / asustado...** / **tener hambre** / **pasar hambre** / **...**
Animar y tranquilizar: **ánimo, hombre** / **ya ha pasado todo** / **vamos** / **...**
Pedir acciones, sugerir y aconsejar: **tienes** / **tendrías que...**
Rechazar sugerencias y justificar: **Yo es que...** / **Que no, que no**
Convencer: **Pero, hombre...** / **No sea usted así** / **Vamos...**

CONTENIDOS CULTURALES/OBSERVACIONES

Puede aprovechar este anuncio para comentar a sus estudiantes que en España, especialmente en las clases populares, hay un gran consumo de gaseosa y que incluso es muy frecuente consumir gaseosa en las comidas, a veces, mezclada con vino. También se bebe frecuentemente, en algunas regiones, gaseosa mezclada con cerveza (**una clara**), como aperitivo o comiendo. Este dato es de suma importancia para entender la clave del anuncio. Obsérvese también el detalle irónico de que el náufrago lleve un smoking.
Esta campaña, con el correspondiente slogan, se ha venido desarrollando en España durante varios años, con diferentes anuncios, pero siempre basados en el mismo tema (un determinado personaje se niega a comer si no

hay Casera) y siempre en clave de humor, lo que la ha convertido en un mensaje publicitario muy popular: es posible oír entre amigos, como broma, frases del tipo "pues si no hay Casera, nos vamos".

Marchando es una expresión que usan a menudo los camareros entre sí para indicar que ya están preparando o encargar una determinada consumición en bares o restaurantes populares.

EXPLOTACIONES

---

*

Es conveniente iniciar la explotación del anuncio con una fase de comprensión que puede preparar haciéndolo visionar sin sonido. Los alumnos, luego, reconstruirán la historia. Puede proporcionar, en su momento, el léxico que considere oportuno (por ejemplo, **barco, encontrar, tener hambre,** etc.) según sean las necesidades del grupo. Puede también dirigir la atención a la clave del anuncio (la idea de no poder comer sin Casera) con preguntas como:

— **¿Qué le pasa?**
— **¿Está bien? ¿Cómo se encuentra?**
— **¿Tiene hambre?**
— **¿Qué le ofrecen?**
— **¿Y por qué no come?**

Una vez realizada esta fase puede volver a visionar el anuncio, esta vez con la correspondiente banda sonora, y comentar aspectos concretos que dificulten la comprensión de la totalidad del diálogo.

---

*

Los alumnos pueden explicar también qué les resulta a ellos imprescindible para comer y, tras un ejemplo proporcionado por el profesor, producir frases como **yo no puedo / yo no como sin...** Ello permitirá retomar el ámbito léxico de los productos alimenticios si lo considera oportuno.

También pueden explicar cómo toman determinadas cosas: **con / sin / azúcar / leche / vinagre...**

---

* *

Para un trabajo específico de los recursos para animar, tranquilizar, sugerir, convencer y rechazar que aparecen en el diálogo entre el capitán y el náufrago, pídales a sus alumnos que reelaboren una posible conversación similar, con los recursos que ellos conozcan o puedan recordar, y que después lo escenifiquen en parejas.

---

* * *

En un segundo momento puede hacer reutilizar algunas de las formas que aquí aparecen proponiendo situaciones donde se precisen recursos similares para las que deberán inventar en parejas posibles diálogos y, luego, representarlos ante la clase:

— Un alumno está enfermo y el otro trata de convencerle de que se tome un determinado medicamento.
— Un alumno es un gran fumador y otro trata de convencerle de que lo deje.
— Alguien come mucho pan pero se queja de su peso. Su compañero trata de convencerle de que coma sin pan.
— Alguien acaba de tener un accidente en coche y su compañero trata de tranquilizarlo y le aconseja ir al médico.
— En un restaurante, alguien se siente mal y no le apetece nada y el otro le propone tomar una sopa.

TRANSCRIPCIÓN

ANUNCIANTE:
ASOCIACION NACIONAL DE FABRICANTES DE HELADOS
TIPO DE PRODUCTO:
HELADOS

El helado que está comiendo este niño tiene más calcio que el arroz, las chuletas de cordero, el solomillo de buey, las manzanas, las espinacas, los melocotones, las naranjas, las peras, los plátanos, las fresas, los macarrones, las lentejas, la trucha y el jamón.
Helados. Para que ellos disfruten y tú los alimentes.

CONTENIDOS/OBJETIVOS LINGÜÍSTICOS

Artículo determinado: **el / la / los / las**
Estar + Gerundio
Léxico de los productos alimenticios
Recursos para comparar: **tener más.... que**
Expresión de preferencias: **¿Qué te gusta más... o...?** / **Prefiero el / la / los / las...** / **Me gusta/n más...**
Control de la comunicación: **¿Qué es / son...?**

CONTENIDOS CULTURALES/OBSERVACIONES

Será interesante, al trabajar con este anuncio, sensibilizar a los estudiantes en cuanto a que los productos mencionados son todos alimentos de consumo frecuente en España y empujarles a una tarea contrastiva de observación de similitudes y divergencias respecto a sus propias costumbres.

EXPLOTACIONES

*

A modo de actividad de preparación, puede hacer visionar el anuncio sin banda sonora y pedirles a los alumnos que describan lo que ven (el niño comiendo un helado con evidente placer) y que expresen sus gustos y opiniones sobre los helados: ¿son o no buenos para la salud?, ¿les gustan?, ¿consumen habitualmente helados?, etc.

*

Puede, en un segundo momento, mostrarles el anuncio completo y pedirles que traten de retener, tomando notas, el máximo de productos que se mencionan en el mismo. Puede, si lo cree oportuno, plantear esta actividad a modo de concurso en el que se tratará de ver quién tiene la lista más completa.
Ante el léxico que desconozcan, los alumnos deberán solicitar al profesor o a algún compañero la traducción o una explicación. De este modo se practicarán los recursos para el control de la comunicación incluidos en al ficha de contenidos / objetivos.

* *

Para una práctica específica de la comparación, puede partir de la lista elaborada en la actividad anterior y de la frase **el helado que se está comiendo este niño tiene más calcio que...** y pedirles que comparen diferentes productos con la misma estructura. Antes de empezar la actividad puede presentar léxico como: **vitaminas, proteínas, grasa, féculas,** etc.

* *

También puede proponer pares de alimentos y sugerir la siguiente actividad:

P. naranjas / peras
- **¿Qué te gustan más, las naranjas o las peras?**
- **Prefiero las peras.**

12

TRANSCRIPCIÓN

ANUNCIANTE:
SEAT

TIPO DE PRODUCTO:
COCHES

Este verano Seat ha puesto de moda poner tu dinero en forma.
En Seat está de moda regalar un radio cassette estéreo, dar por tu coche viejo hasta 125.000 pesetas, o ahorrarte hasta 165.000 si lo financias.
Este verano pon en forma tu dinero en Seat.
Ah, y llévate un Marbella Junior por 5.000 pesetas al mes el primer año.

CONTENIDOS/OBJETIVOS LINGÜÍSTICOS

Usos del verbo **poner**
Numerales cardinales
Usos de **por**
Expresión de cantidades y recursos para hablar de formas de pago
Expresiones con preposiciones: **estar de moda, poner de moda y poner en forma**

CONTENIDOS CULTURALES/OBSERVACIONES

Convendrá informar a sus alumnos, si lo desconocen, de que Seat es la única marca de coches que se produce íntegramente en España y que, actualmente, pertenece al grupo alemán Volkswagen.

EXPLOTACIONES

*

Puede presentar las expresiones **estar de moda, poner de moda** y **poner en forma,** pero procure centrar la atención de sus alumnos en la comprensión de la información de precios y condiciones de compra y de pago que se presentan en el anuncio. Puede dirigir esta fase proporcionando a los alumnos un esquema del tipo:

Este verano Seat regala _____.
Dan por tu coche viejo ahora_____.
Te puedes ahorrar hasta _____ si financias la compra de un Seat.
Puedes comprar un Marbella Junior por _____ el primer año.

**

Como trabajo de ampliación y de reutilización de los recursos para la expresión de precios y condiciones de pago así como para presentar léxico del mundo del automóvil, puede organizar el siguiente juego:
— varios alumnos, propietarios de diferentes coches, tratarán de vender sus automóviles usados a un compañero,
— le ofrecerán diferentes precios, condiciones e intentarán convencerle con ofertas especiales o describiéndole las características del coche,
— al final, el alumno comprador deberá optar por uno u otro coche.

13

ANUNCIANTE:
EL CORTE INGLÉS

TIPO DE PRODUCTO:
GRANDES ALMACENES

TRANSCRIPCIÓN

¿Cómo le va en las rebajas del Corte Inglés? Bien, ¿eh?
Pues ahora, en febrero, precios más bajos.
En la moda, ¡uau...!
En el menaje del hogar. ¡Yeah...!
En la electrónica, ¡Mec, mec!
Y hasta el 20% de descuento en las rebajas del mueble.
Y, además, insisto, si no queda satisfecho, le devuelven su dinero.
Las rebajas de El Corte Inglés.
En febrero, precios más bajos.

CONTENIDOS/OBJETIVOS LINGÜÍSTICOS

Usos de **en**
Usos de **hasta**
Antes / ahora
Cuesta / costaba
Comparación de cantidades y porcentajes: **X por cien / X menos / más / ...**
Léxico de objetos de consumo y relativo a las compras: **costar, descuento, rebajas, dinero, precios, ...**
Frases condicionales con **si**
Describir objetos

CONTENIDOS CULTURALES/OBSERVACIONES

Un elemento importante para la comprensión de este anuncio es la gran importancia que las rebajas tienen en España al final de cada temporada (en enero y febrero, las de invierno, y en agosto y septiembre, las de verano). Podría afirmarse incluso que las rebajas de los grandes almacenes son un auténtico acontecimiento ciudadano.

Deberá comentar a sus alumnos, en algún momento de la explotación, que El Corte Inglés es la mayor cadena de grandes almacenes y se puede encontrar en muchas capitales de provincia. Obsérvese que El Corte Inglés es tan popular que, en la primera frase del anuncio (**¿Cómo le va en las rebajas de El Corte Inglés?**) se presupone que el televidente ha comprado ya en las rebajas de dichos almacenes y se le informa de que los precios vuelven a bajar.

Presenta el anuncio, Emilio Aragón, actor cómico y presentador de televisión, que se ha convertido en un personaje muy popular en España en los últimos años.

— 30 —

EXPLOTACIONES

∗

Puede iniciar el trabajo haciendo deducir a los alumnos, tras uno o varios visionados, qué es El Corte Inglés y qué significa **rebajas** por medio de una ficha que dirija la comprensión de imágenes y texto:

Los precios en febrero son _____

En El Corte Inglés venden _____

Las rebajas son en el mes de _____

Los muebles cuestan hasta _____

Si no queda satisfecho _____

∗ ∗

Una vez realizada la fase de comprensión, los alumnos en grupos pueden volver a ver el anuncio sin banda sonora, una o varias veces, y redactar un posible texto del mismo. Luego, un miembro de cada grupo lo interpretará al mismo tiempo en que se proyecta de nuevo.

∗ ∗

Puede proponer la siguiente actividad, planteándola como un pequeño juego:

— Se simularán unas rebajas en la clase.

— Cada alumno o grupo de alumnos presenta tres de sus objetos personales (una prenda de vestir, un bolso, un reloj, por ejemplo).

— Describe sus calidades y lo presenta como una ganga, explicando el descuento que hace, lo que costaba antes y lo que cuesta ahora todo ello a modo de anuncio.

— Tras la presentación el resto de alumnos deberá decidirse por un objeto u otro.

TRANSCRIPCIÓN

ANUNCIANTE:
CRUZ ROJA
TIPO DE PRODUCTO:
SORTEO EXTRAORDINARIO DE LOTERÍA

Tome nota: el 23 de mayo la Lotería celebra un sorteo muy especial, con premios importantes. Cuatro mil doscientos millones en total y cuatro premios de cincuenta millones al décimo. Pero lo más importante es participar porque, haciéndolo, colaboramos con la labor humanitaria de la Cruz Roja.
No lo olvide: el 23 de mayo participe.

CONTENIDOS/OBJETIVOS LINGÜÍSTICOS

Cardinales
Usos del artículo determinado
Oraciones causales: **porque**
Oraciones adversativas: **pero**
Léxico: **sortear, décimo, tocar,** etc.
Referirse a una fecha
Dar instrucciones

CONTENIDOS CULTURALES/OBSERVACIONES

Conviene, antes o después de la explotación, dar algunos datos que les sirvan para comprender el funcionamiento de la lotería: sorteo semanal, con algunos sorteos extraordinarios anuales (el más conocido de ellos es el de Navidad), cada número tiene diez participaciones (cada participación es "un décimo"), se sortea los sábados y los números premiados se publican los domingos en todos los periódicos.
Entre los sorteos extraordinarios, cada año se destina uno a la Cruz Roja. Ello significa que los beneficios no revierten directamente en el Estado, sino que son para los fondos de la sede española de la mencionada institución benéfica.

El *slogan* de este anuncio se refiere a la expresión: **"Lo importante no es ganar sino participar"** que, en España, como en otros países, suele emplearse aplicada al deporte.

Puede ser un buen momento para comentar a sus estudiantes la gran importancia que en España tienen los juegos de azar y lo mucho que los españoles invierten en los diferentes tipo de juegos. Coménteles que los más populares, entre otros, son:

— la lotería nacional,
— los cupones de la ONCE (lotería organizada por la organización de los ciegos),
— las quinielas (juego organizado en torno a los resultados del fútbol),
— la loto (donde se trata de adivinar una serie de números),
— la QH (quiniela hípica),
— las máquinas tragaperras (existentes en muchísimos bares),
— el bingo (son numerosísimas también las salas donde se juega al bingo).

En torno a este tema, los alumnos pueden comparar con sus propios países y sus propias costumbres respecto al juego.

EXPLOTACIONES

*
En un primer momento puede utilizar exclusivamente la banda sonora del anuncio para a que los estudiantes hagan exactamente lo que dice la voz en off: tomar notas. Para ello tendrán que fijarse en la fecha, la cantidad de dinero que se juega en total, la cantidad de dinero que puede obtenerse por un décimo y el hecho de que es un sorteo extraordinario de la Cruz Roja.
Luego, para propiciar la autocorrección, los alumnos visionarán varias veces el anuncio y comprobarán sus notas con las que aparecen en la imagen.

*
Posteriormente, en parejas o en pequeños grupos, los estudiantes inventarán un sorteo de alguna cosa que pueda motivar a sus compañeros (un viaje a Andalucía, a México, etc.). Una vez tengan redactado el texto que debe incluir fecha, premio, precio de cada número, un slogan, etc., se lo explicarán a sus compañeros quienes, primero, tomarán nota, y, luego, reaccionarán del modo que les parezca más adecuado a cada uno: comprando un número, negándose a participar, pidiendo más información, etc.

*
Si es la primera vez que sus estudiantes entran en contacto con la lotería española, podría presentar una actividad complementaria que tendría dos objetivos fundamentales: uno, lingüístico, repasar cantidades, y, otro, sociológico, familiarizarse con el sistema español de lotería.
Para ello tendría que conseguir, en la prensa española, los resultados de cualquier sorteo de lotería. Fijándose en los números premiados, puede confeccionar unas fichas. En cada una de ellas incluirá un número. Debe incluir números premiados, números no premiados, números con alguna de las terminaciones premiadas, etc. Luego, distribuirá esas fichas entre los estudiantes junto con la fotocopia con los resultados del Sorteo. Cada estudiante tendrá que ver si su número ha resultado premiado o no y qué cantidad le ha correspondido (no deben olvidar que, si tienen un décimo, el premio debe dividirse por diez). Seguramente muchos estudiantes, al no encontrar su número en la lista de los premiados, creerán que no les ha tocado nada, entonces deberá hacerles fijarse en las terminaciones y verificar si les ha tocado alguna cantidad o no.

TRANSCRIPCIÓN

ANUNCIANTE:
RENE BARBIER

TIPO DE PRODUCTO:
VINO

Él es muy ordenado y ella es un caos.
A él le gusta la carne y ella es vegetariana.
Él juega al golf, ella no.
Él prefiere Escocia y ella Marruecos.
A él le gusta René Barbier y a ella también.
Aunque él prefiere rosado y ella blanco.
René Barbier. ¿De acuerdo?

CONTENIDOS/OBJETIVOS LINGÜÍSTICOS

Pronombres personales sujeto
Usos de **ser**
Usos de **gustar**
(A él / ella) le
Yo/ a mí sí / no / también / tampoco
Aunque
Expresión de gustos y preferencias
Descripción de personas
Comparación de personas

CONTENIDOS CULTURALES/OBSERVACIONES

Este anuncio puede ser un buen pretexto para proporcionar información a sus estudiantes sobre los vinos españoles y las costumbres de los españoles respecto a las bebidas. Coménteles por ejemplo que:

— es habitual en la inmensa mayoría de familias comer y cenar todos los días con vino,
— en algunas regiones (en el norte, especialmente) se toma también vino como aperitivo o al salir con amigos por la noche pero en otras zonas se consume preferentemente cerveza. En el sur hay mucha costumbre de tomar como aperitivo vinos olorosos, jerez, etc.
— el vino en España resulta todavía muy asequible económicamente aunque hay vinos también caros dada su gran calidad (algunos vinos de Rioja, algunos vinos del Duero, etc.) y que son, lamentablemente, todavía poco conocidos en el exterior,
— España es uno de los países con una mayor y más variada producción vitícola. En este sentido puede ser ilustrativo proporcionarles un mapa de denominaciones de origen.

EXPLOTACIONES

*

Puede preparar la explotación con un visionado del anuncio sin banda sonora y pedir a los alumnos que observen a los dos personajes, que los comparen, que piensen en qué se parecen y en qué no. Luego proceda al visionado completo durante el cual los alumnos tomarán notas de la descripción que se hace de personalidades y gustos de los dos.

*

En un segundo momento cada alumno preparará un texto similar al del anuncio pero referido a un miembro de su familia o entorno (su marido / mujer, compañero/a, uno de sus hermanos, un buen amigo, etc.) y a él mismo en el que se comparen sus personlidades y preferencias en el ámbito del carácter, los viajes, las comidas y bebidas, el tiempo libre u otros aspectos que los mismos estudiantes propongan.
Si el nivel de los alumnos lo permite podrá extenderse esta práctica oral pidiéndoles que comenten a sus compañeros cómo resuelven las divergencias en su vida cotidiana con sus familiares o compañeros.

*

Para una práctica específica de la expresión de gustos y de las construcciones **yo / a mí sí / también / no / tampoco**, puede hacer que los estudiantes comparen sus propios gustos y personalidades con los de los personajes del anuncio del siguiente modo:
Se visiona un pequeño fragmento del anuncio y cada estudiante tiene que reaccionar compárandose con la última persona que ha hablado formándose así una cadena del tipo:

- **El es muy ordenado.**
- **Yo no.**
- **Yo sí.**
- **Yo también.**
- **Yo regular.**
- **Yo no mucho.**
- **Yo tampoco.**

....

* * *

Una actividad comunicativa que puede resultar muy rica es la siguiente:
Cada alumno realiza una pequeña encuesta entre todos sus compañeros. Se trata de encontrar a la persona que tiene los gustos y el carácter más opuestos a los suyos propios. Luego, una vez determinada la identidad de su "contrario", explica al resto de la clase quién es y por qué.

TRANSCRIPCIÓN

Niña: ¿ El hombre de mis sueños,
dices? El hombre de mis sueños es... fuerte. Muy fuerte.
Y alto. Sí, alto y fuerte.
Niña: Y también sano, inteligente y cariñoso... Y muy
guapo..., y..., y ahora tengo que irme a casa.
Niño: ¿Has dicho "muy alto y muy fuerte" ?
Niña: Si, sí, mucho.
Niño: Adiós.
Niña: Hasta mañana.
Madre: ¿Vienes a buscar esto por casualidad?
Locutor off:
Leche ATO. Alimento puro.
ATO sí.

ANUNCIANTE:
ATO

TIPO DE PRODUCTO:
LECHE

CONTENIDOS/OBJETIVOS LINGÜÍSTICOS

Usos de **ser: ser** + adjetivo
Tener que + Infinitivo
Muy / mucho
Usos de la preposición **de**
Estilo Indirecto: **¿Ha / s dicho...?**
Adjetivos calificativos referidos al físico y al carácter
Concordancia de género y número
Descripción del físico de las personas: **es alto / moreno / ...**
Descripción del carácter: **es muy agradable / simpático / ...**
Pedir confirmación de algo que acaban de decir: **¿Ha / s dicho...?**

CONTENIDOS CULTURALES/OBSERVACIONES

Puede, si le parece oportuno, comentar que en España se habla de **la mujer / el hombre de mis / tus sueños** pero también, referido a los hombres, se habla de "El Príncipe Azul", personaje de los cuentos de hadas. Hay muchas expresiones, un poco cursis, quizá, pero utilizadas por ciertos sectores de la población: **ser mi / tu Príncipe Azul, esperar / buscar / (o) encontrar al Príncipe Azul,...**

Si comenta la situación en la que se produce el anuncio, puede comentar que son dos niños que se han encontrado a la salida de clase, antes de la merienda, y explicar la costumbre española de merendar, muy extendida entre los niños y algunas amas de casa de clase media y alta.

EXPLOTACIONES

*

Si trabaja con un grupo de adolescentes, después de visionar una o dos veces el texto y de dirigir la comprensión, puede preguntarles cómo es el hombre o la mujer de sus sueños, lo que dará lugar a intercambios del tipo:

- **Alto, de ojos azules, con sentido del humor...**

Si, por el contrario, sus estudiantes son adultos, puede ser divertido preguntarles cómo era, cuando eran jóvenes, el hombre o la mujer de sus sueños y cómo es su actual marido o mujer, tanto desde el punto de vista físico como de carácter. Esta actividad puede realizarse con estructuras muy simples del tipo:

- **El hombre de mis sueños era alto, moreno, con mucho pelo, de ojos verdes, simpático, cariñoso... Y mi marido es bajito, gordito, calvo, de ojos marrones y bastante antipático.**

*

Puede resultar interesante tratar de definir cómo es el modelo de hombre / mujer ideal en el país donde se imparten las clases. Para ello puede realizar una pequeña encuesta en clase que servirá para, entre todos, ver si hay un prototipo de hombre o de mujer asumido por la mayoría de personas.
También puede hacer que los estudiantes se pronuncien sobre frases como **"Los caballeros las prefieren rubias... pero se casan con las morenas"** para ver si hay unánime acuerdo o desacuerdo sobre ellas.
Puede resultar curioso comentar que muchos jóvenes españoles dicen que su ideal de mujer son las rubias y muchas jóvenes dicen que su ideal masculino debe tener ojos azules, ambas características minoritarias entre los españoles.

* * *

Si el nivel de su grupo lo permite, puede presentar una serie de refranes o dichos españoles, de fácil comprensión, que traten sobre el físico y el carácter de las personas para que los estudiantes se pronuncien sobre si están de acuerdo o en desacuerdo con ellos. Por ejemplo: **"El hombre cuanto más oso más hermoso"**, **"Ojos verdes son traidores"**, **"De tal palo tal astilla"**, **"Perfume fino viene en frasco chico"**, etc.

TRANSCRIPCIÓN

— Un bufete.
— Un torno. Muchas gracias, hombre.
— Una parabólica.
— Una parabólica...
— Sí, sí.
— Un láser.
Locutor off:
Délo por hecho. Leasing. Una forma del alquilar comprando que le ofrece el cien por cien de la inversión que necesite.
Y las máximas ventajas fiscales permitidas. Leasing. ¿Qué más se puede pedir?
Leasing.
— Quiero un toro, ¿"zabe uzté"?
— ¿Cómo ha dicho?

ANUNCIANTE:
ASOCIACION ESPAÑOLA DE LEASING
TIPO DE PRODUCTO:
LEASING

CONTENIDOS/OBJETIVOS LINGÜÍSTICOS

Artículo indeterminado **un / una / unos / unas** y concordancia
Así
Expresiones: **dar (algo) por hecho, qué más se puede pedir**
Léxico comercial: **leasing, ventajas fiscales, alquilar, comprar, intereses, crédito...**
Porcentajes
Léxico de prendas de vestir y colores
Descripción de personas: adjetivos calificativos
Identificación de personas en un grupo: **el / la de... / el / la** + adjetivo
Expresión de deseos: **quiero / me gustaría comprarme**

CONTENIDOS CULTURALES/OBSERVACIONES

Para entender la última escena (el torero que quiere un toro), en clave de humor, los alumnos deberán saber que:
— el personaje es un torero,
— el personaje se adapta muy poco a la figura estilizada clásica de los matadores de toros,
— llegar a poder torear no es fácil y muchas vocaciones se truncan por falta de oportunidades,
— el tamaño de un toro, aunque no siempre sea cierto, puede dar idea de su peligrosidad.

Deberá hacerse notar también el peculiar acento andaluz (ceceante en este caso) del torero (todas las **s** y ce, se pronuncian como la z castellana ([θ]), en determinadas partes de Andalucía, **así** se convierte en ***azí**, por ejemplo) y comentar que es frecuente, en España, la imitación o parodia de acentos regionales en chistes y bromas.
En este sentido, puede aprovechar par a dar información a sus alumnos sobre la existencia de una gran variedad

de "acentos" regionales y diferencias dialectológicas y del hecho de que para un español es totalmente identificable un gallego, un catalán, un andaluz, un vasco, un aragonés, o un canario. Menos evidentes para el hombre de la calle son las características dialéctológicas de otras regiones.

EXPLOTACIONES

*

Para fijar la atención en los diversos personajes que aparecen en el anuncio y hacer que los alumnos entiendan que cada uno se refiere a algo que desea, puede pedirles que intenten hacer una lista, a partir de varios visionados, de los personajes que aparecen identificándolos por su profesión o algún rasgo característico. A algunos se les oye formular su deseo y a otros no. Pídales también que imaginen qué pueden desear estos últimos. Aparecen: una abogada, un mecánico, una señora, un médico, un campesino, un comerciante, un director de cine, un ingeniero o constructor y un torero.

* *

Luego, los alumnos podrán también identificarlos con las construcciones **el / la de ...** o **el / la + adjetivo** e intentar buscar una correspondencia entre cada personaje y lo que desean comprar.

Proponga primero un ejercicio como por ejemplo:

Relaciona con flechas y completa:

La señora de negro
El de la bata blanca
El del sobrero de paja   quiere
El del delantal
El del casco
El gordo
....

un láser
un torno
un bufete
un toro
....
....

Posteriormente los propios alumnos pueden sugerir otras identificaciones.

* *

Luego puede pedir a cada alumno que piense en aquello que más desearía poder comprar y que lo explique al conjunto de la clase.Un ejercicio similar, pero planteado como actividad lúdica, puede consistir en que los alumnos anoten en un papel su "sueño" o deseo inalcanzable. El profesor recoge las notas y las va leyendo. El resto de la clase tratará de identificar a quién pertenece cada nota.

* * *

En un segundo momento debe dirigir la atención hacia el texto de la voz en off, que describe qué es la compra con leasing y cuáles son sus ventajas. Para preparar la fase de comprensión puede formular las siguientes preguntas:

P. ¿Qué es un leasing? ¿Es comprar algo? ¿Alquilarlo? ¿Qué parte de la inversión te dan? ¿Qué ventajas fiscales tiene?

Luego, se podrá volver a escuchar el anuncio para ultimar la comprensión del texto, momento en el que se deberá presentar el significado y uso de las expresiones **Délo por hecho** y **¿Qué más se puede pedir?**

TRANSCRIPCIÓN

ANUNCIANTE:
EL CASERÍO

TIPO DE PRODUCTO:
QUESO

— Hola, cariño.
— Hola, mamá.
— ¿Qué haces?
— Estoy merendando.
— ¿Y qué meriendas? ¿Eh?
— El Caserío.
— ¿Tienes mucho trabajo?
— Sí, pero volveré pronto. Un besito.
— ¡Ana...!
De el Caserío me fío.

CONTENIDOS/OBJETIVOS LINGÜÍSTICOS

Presente de Indicativo. (Verbos irregulares)
Estar + Gerundio
Interrogativas con **qué**
Futuro
Nombre de las comidas: **desayunar, comer, merendar, cenar**
Recursos para conversaciones telefónicas

CONTENIDOS CULTURALES/OBSERVACIONES

El anuncio, tal como está planteado, presupone el conocimiento previo por parte de los televidentes del artículo anunciado. Se trata, efectivamente, de una marca de queso en porciones conocida por todos los españoles.

Los alumnos deben saber que el queso en porciones es en España un producto clásico para la alimentación infantil al que familiarmente se conoce como "quesitos".

Puede ser interesante comentar que, especialmente en algunas regiones y en Madrid en particular, muchos adultos meriendan, es decir toman algo a media tarde (alrededor de las 6 h.): un bocadillo, un café con pasteles, etc. La merienda clásica es chocolate con churros o café con leche con algún bollo.

EXPLOTACIONES

✳

Dada la simplicidad del diálogo, no planteará grandes problemas de comprensión por parte de alumnos principiantes. Hágales deducir cuál es el producto anunciado y el significado del verbo **merendar**, en caso de que no lo conozcan, con preguntas como: ¿Qué está haciendo el niño? ¿Está comiendo? ¿Qué hora es?

✳

Una manera sencilla de explotar el diálogo puede consistir en entregarles la transcripción con algunas palabras o expresiones que considere interesantes vaciadas, por ejemplo:

— Hola, cariño.
— ...., mamá.
— ¿Qué ....?
— ....merendando.
— ¿Y ....meriendas? ¿Eh?
— El Caserío. ¿ ....mucho trabajo?
— Sí, pero ....pronto. Un besito.
— ¡Ana ....!

✳

Tras el trabajo con el diálogo, los alumnos pueden producir conversaciones telefónicas, semejantes, simulando llamarse por teléfono entre sí, lo que dará pie a la práctica de las estructuras contenidas en el anuncio, lógicamente adaptadas, sin embargo, a las características de un intercambio entre adultos. Para hacer una práctica específica de la perífrais **estar** + Gerundio y de las oraciones interrogativas, puede repartir entre los alumnos perqueñas notas (con una palabra clave: **comer, cenar, trabajar, leer, estudiar, ver la tele**, etc.) o imágenes que indiquen cuál es la actividad que tienen que decir que están realizando. El alumno que llama deberá pedir más información sobre la actividad con preguntas como: **en qué estás trabajando / qué estás viendo / qué estás leyendo / qué estás estudiando / ...**

TRANSCRIPCIÓN

ANUNCIANTE:
TELEVISIÓN ESPAÑOLA
(TVE)

Hay muchas cosas que puedes hacer,
en lugar de ver tanto la televisión.
¿Por qué no las pruebas?
Aprender a usar la televisión.

Para todos los públicos.

CONTENIDOS/OBJETIVOS LINGÜÍSTICOS

Poder + Infinitivo
Léxico relacionado con el ocio y el trabajo
Contraste **mucho / tanto**
En lugar de...
Reprochar y aconsejar: **¿Por qué no... en lugar de ...?**
Proponer: **¿Por qué no vamos / hacemos / jugamos...? / ¿Vamos / jugamos / ...?**

CONTENIDOS CULTURALES/OBSERVACIONES

Este anuncio corresponde a una campaña iniciada, a finales de los ochenta, por la dirección de Televisión Española, la cadena estatal, para crear entre los ciudadanos nuevos hábitos en su relación con la televisión. Los padres, educadores y niños eran los principales destinatarios de la mayor parte de esta campaña cuyos contenidos, en este terreno, se centraban en que los niños vieran menos tiempo la televisión y seleccionaran los programas adecuados para su edad.

La expresión **"Para todos los públicos"** es la que se emplea habitualmente en las carteleras de los cines españoles para informar de que es un programa apto para los niños. A título de curiosidad, puede comentar que en la España franquista se copió el sistema de algunas cadenas anglosajonas por el cual algunos programas se marcaban con un rombo si estaban prohibidos para menores de catorce años y dos rombos si estaban prohibidos para menores de dieciocho años. Hacia finales de los setenta, reinstaurada ya la democracia desaparece esta práctica.

EXPLOTACIONES

*

Puede iniciar la presentación haciendo ver el anuncio a sus estudiantes sin la banda sonora y parándolo antes de **"Aprende a usar la televisión"**. De este modo, centrará toda su atención en las actividades que el perro le propone al niño. Haga que sus estudiantes, después de un segundo visionado, contesten a la pregunta: **¿Qué le propone el perro al niño?**, lo que dará lugar a respuestas del tipo: **salir a pasear, jugar a pelota, montar en patinete,** etc. Esta misma explotación puede realizarla con otra técnica: entregará a cada estudiante una lista con una serie de actividades entre las que se encontrarán las que le propone el perro. Los estudiantes, durante el visionado, irán marcando las que efectivamente aparecen en el anuncio.

Propóngales, luego, que, en parejas o en grupos, elaboren una lista de todas las actividades que crean que podrían hacer el niño y el perro en lugar de ver la televisión. Si lo desea, puede plantear esta actividad a modo de concurso: el grupo que encuentre más actividades adecuadas a la situación, en un determinado tiempo, es el vencedor.

*

Como segunda actividad, puede proponer al grupo un pequeño ejercicio de imaginación: el perro del anuncio es español y sabe hablar. Los estudiantes deberán imaginar un diálogo entre el niño y el perro, adaptado a las imágenes del anuncio. Si quieren, pueden también escribir los posibles pensamientos del niño y del perro. Antes de comenzar la tarea y en la fase de corrección, haga especial hincapié en la necesidad de utilizar recursos de interacción: **¿Y...?, Bueno, pues..., Te he dicho que,** etc.

**

Otra posible actividad lúdica puede consistir en lo siguiente: los estudiantes deberán imaginar que el perro acaba de llegar a casa del niño, intenta hacerse amigo de él, pero le pasan cosas como las del anuncio y, en su aburrimiento, escribe una carta a un familiar o amigo suyo, explicándole sus primeras impresiones y criticando al niño. Resultará útil pedirles a los estudiantes que, en la fase de visionado, se fijen en el programa que está viendo el niño (una ópera) y que opinen, a partir de este dato, sobre su carácter.

**

Para la última fase de trabajo con este anuncio, puede aprovechar la estructura: **en lugar de... tanto...** para realizar un pequeño trabajo interactivo consistente en comentar algún hábito de uno de sus estudiantes para que los demás le hagan propuestas, lo que producirá intercambios del tipo:

P. **Helmut está muchas horas dentro de su casa.**
● **¿Y por qué no vas a pasear en lugar de estar tantas horas metido en casa?**
...

El estudiante aludido podrá argumentar defendiendo su postura, dando la razón a sus compañeros o mostrando otro tipo de actitud, para lo que movilizará los recursos adecuados a su intención comunicativa.

○ **Es que a mí no me gusta salir / Pues es verdad, no sé por qué no salgo más. / Y a ti qué te importa si estoy en casa o no./ ...**

TRANSCRIPCIÓN

ANUNCIANTE:
TELEVISIÓN ESPAÑOLA
(TVE)

Si usted no enchufa los aparatos de su casa cuando no los necesita, ¿por qué enciende la televisión?

Aprenda a usar la televisión.
Consulte la programación.

CONTENIDOS/OBJETIVOS LINGÜÍSTICOS

Oraciones condicionales: **si** + Presente de Indicativo
Léxico relacionado con los electrodomésticos y aparatos eléctricos: **enchufar / desenchufar, encender / apagar, picadora / batidora / molinillo de café /maquinilla de afeitar / secador de pelo / lavadora / aspirador /...**
Léxico del hogar: partes de la casa (**dormitorio / salón / recibidor /...**), nombres de los muebles (**sillón / cama /...**), etc.
Futuro de probabilidad
Usos del Presente de Indicativo
Cuando + Presente de Indicativo
Reprochar: **si** + Presente, **¿por qué (no)** + Presente?
Expresar hipótesis: **quizá / a lo mejor /** usos del **Futuro /...**
Hablar de hábitos y costumbres
Hablar de la frecuencia con la que se realiza algo: **todos los días / a veces / cuando...**

CONTENIDOS CULTURALES/OBSERVACIONES

Quizá pueda resultar interesante comentar a los estudiantes que esta campaña de televisión fue iniciada, a finales de los ochenta, por la dirección de Televisión Española, cadena estatal para tratar de corregir ciertos hábitos de los españoles en su relación con la televisión, como por ejemplo, encender el televisor cuando no va a verse la televisión o dejar que los niños vean televisión sin controlar si el contenido de los programas es adecuado para ellos.

EXPLOTACIONES

❋

Para estudiantes principiantes, en las primeras clases, cuando trabajen el ámbito referido a la vivienda, puede utilizar este anuncio para identificar las distintas partes de la casa y trabajar el léxico referido a mobiliario y electrodomésticos.

❋ ❋

Puede presentar el anuncio sin la banda sonora (hasta antes de la aparición de los titulares) para que los estudiantes especulen y discutan entre sí sobre las razones que pueden inducir a este hombre a enchufar todos los electrodomésticos de su casa:

- **Seguramente ha tenido problemas en el trabajo.**
- ○ **No, yo creo que no. A mí me parece que ha discutido con su mujer.**
- **O a lo mejor le gusta el ruido de los electrodomésticos.**

...

Después, pase de nuevo el anuncio pero esta vez con la banda sonora. Los estudiantes, deberán, luego, discutir si ellos tienen la costumbre de encender el televisor y no verlo o sí, por el contrario, sólo lo encienden cuando van a ver un programa.

❋ ❋

Los alumnos, luego, en pequeños grupos o en parejas, pueden escribir un texto para la voz en off que narre la hipótesis que antes creían más factible y que se ajuste al tiempo de duración del anuncio.
Un posible inicio del texto podría ser:

Fernando no ha tenido un buen día.
Se ha peleado con el jefe.
La grúa le ha cogido el coche. Y al llegar a casa...

...

❋ ❋

Para aprovechar el léxico, cuya presentación facilita el anuncio y para practicar la estructura **cuando** + Presente de Indicativo y la información sobre frecuencia, puede preguntar a sus estudiantes cuándo utilizan un determinado aparato:

- **P.**   **¿Cuánto utilizas el secador?**
- **Cuando me he lavado el pelo.**
- ○ **Todos los días.**
- ▲ **Yo no lo utilizo nunca. No me gusta secarme el pelo.**

TRANSCRIPCIÓN

Oro.
Tienes que jugar.
Venga,
llega un año más.
La Cruz Roja va a sortear
kilos de oro.
Tú puedes ganar.
Todo lo que toca es oro,
ya verás.
Es de todos.
Voz en off:
Sorteo del oro de la Cruz Roja.
Todo lo que toca es oro.

ANUNCIANTE:
CRUZ ROJA

TIPO DE PRODUCTO:
LOTERÍA BENÉFICA

CONTENIDOS/OBJETIVOS LINGÜÍSTICOS

Perífrasis: **tener que** + Infinitivo / **ir a** + Infinitivo / **poder** + Infinitivo
Usos del verbo **ser**
Usos de la preposición **de**
Todo lo que
Proponer algo y animar a alguien a hacerlo: **Tienes que... / Venga / Ya verás**
Léxico: **sortear, sorteo, tocar,...**

CONTENIDOS CULTURALES/OBSERVACIONES

Esta canción fue especialmente compuesta para promocionar el Sorteo Extraordinario de la Cruz Roja, un sorteo anual, que también es conocido como el "Sorteo del Oro".

La canción la cantan tres veces distintos cantantes famosos: la primera vez la cantan Amaya y Rosa León; la segunda, Marta Sánchez y la tercera, Ramoncín y Martirio.

Amaya perteneció durante muchos años al grupo Mocedades y está especializada en canción melódica; Rosa León suele cantar a diversos poetas españoles e hispanoamericanos y tiene bastantes producciones con canciones infantiles; Marta Sánchez es la vocalista del grupo Olé-Olé, un auténtico fenómeno de masas ya que es considerada por muchos españoles como la mujer más sexy del país; Ramoncín es un cantante de rock, muy comprometido en cuestiones sociales y Martirio es una cantante de coplas y flamenco pero con letras satíricas y críticas sobre la sociedad actual. Siempre canta con gafas de sol y con peinetas espectaculares especialmente diseñadas para la ocasión.

Respecto a las costumbres de los españoles en cuanto a los juegos de azar, véase el comentario incluido para el anuncio 14.

EXPLOTACIONES

*

En este anuncio conviene que considere que el estudiante oye tres veces el mismo texto, con diferentes versiones musicales.

Antes de verlo, entregue a sus estudiantes el texto de la canción con una serie de vaciados, por ejemplo:

primero

___jugar.
Venga.
Llega _____más.
La Cruz Roja _____ sortear
Kilos _____
Tú _____ganar.
_____toca_____,
ya verás.
_____todos
_____toca_____

y después

_____
Tienes que _____.
Venga.
_____un año más.
La Cruz roja va a ___
__de __
Tú puedes __
Todo lo que ____es ___,
ya verás.
Es de ___.
Todo lo que _____es

*

Después de trabajar el texto de la canción y de hacer notar a sus estudiantes la existencia de toda una serie de recursos que sirven para animar a alguien a hacer algo (**Venga, ya verás, ...**), en parejas o en pequeños grupos, deberán proponer alguna actividad a otro u otros compañeros y animarles a realizarla.

- **Ven a cenar a pasar el fin de semana conmigo al campo, venga.**
- **Me encantaría, pero no sé si podré.**
- **Tienes que venir. Tenemos una casa preciosa.**

*

Puede resultar interesante, para constatar los presupuestos culturales que actúan en los estudiantes, visionar, por primera vez, el anuncio sin sonido y poniendo en negro los rótulos de la Cruz Roja. Luego, se les preguntará a los estudiantes si creen que cada grupo canta la misma canción que los otros y qué tipo de canción creen que canta cada uno. Luego, les dará información de quién es cada cantante y oirán la canción.

* *

Si trabaja el anuncio en un momento de la programación en el que su grupo dispone de recursos para realizar esta tarea, propóngales que, después de visionar el anuncio, en pequeños grupos, traten de escribir una letra, con tema absolutamente libre, que se adapte a esta melodía.

TRANSCRIPCIÓN

MARCA
TILFORD

TIPO DE PRODUCTO:
LICOR DE MELOCOTÓN

Jingle:
Meloencontré.
Melocontó.
Melotomé.
Melocotón.
Tildford.

Voz en off:
Tildford.

CONTENIDOS/OBJETIVOS LINGÜÍSTICOS

Pronombres átonos: **lo / la / los / las, me / te / le /...**
Doble pronombre: **me lo / me la /...**
Concordancia de género y número
Indefinidos regulares
Relatar

CONTENIDOS CULTURALES/OBSERVACIONES

La transcripción del "jingle" se ha realizado tal como fue presentada por la agencia de publicidad.

EXPLOTACIONES

---

*

Para presentar este anuncio proceda a uno o dos visionados con banda sonora y fije la atención de su estudiantes en el juego de palabras: **me lo contó /melocotón.**

Puede, inmediatamente después, plantear un nuevo visionado del anuncio para que los estudiantes determinen a qué se refiere cada pronombre: **me lo encontré** = al chico, el licor, ...

---

*

Después del trabajo propuesto en el apartado anterior, en pequeños grupos o parejas, los estudiantes, aprovechando la música de esta canción, pueden tratar de construir canciones usando dobles pronombres e Indefinidos.

Para ello tendrán que trabajar con verbos que tengan el Indefinido regular. Por ejemplo:

Se la compré.
Se la compró.
Se la quité.
Se la quitó.

Los grupos deberán, también, ponerse de acuerdo sobre a qué se refieren al usar un determinado pronombre. Luego, se leerán los textos que han elaborado para la canción —o se cantará si están motivados— para que los compañeros traten de adivinar a qué se refiere cada pronombre. De este modo se irán despejando los posibles problemas de concordancia.

---

* *

Otro modo de trabajar este anuncio puede consistir en prescindir de la banda sonora y utilizar las imágenes. Como se trata de una historia de un encuentro entre un hombre y una mujer, puede proponer a sus estudiantes que, en parejas o en pequeños grupos, imaginen cómo sucedió ese encuentro y lo narren en pasado. Según las dificultades de su grupo de estudiantes, puede proponerles que lo narren en primera o en tercera persona. Otra posible actividad es que un grupo lo relate desde el punto de vista masculino, del chico que protagoniza el anuncio, y otro, desde el punto de vista femenino.

TRANSCRIPCIÓN

ANUNCIANTE:
CRUZ ROJA
TIPO DE PRODUCTO:
CAPTACIÓN DE
VOLUNTARIOS

Hazte voluntario de la Cruz Roja.
Vive una historia de amor.

CONTENIDOS/OBJETIVOS LINGÜÍSTICOS

Usos del Pretérito Perfecto de Indicativo
Usos del Indefinido y del Imperfecto
Usos del Presente de Indicativo
Usos del Presente de Subjuntivo
quizá / a lo mejor / tal vez
Relatar: **Han ido a pasar el día a la playa / Se conocieron hace tiempo /...**
Formular hipótesis: **Quizá están de vacaciones /...**
Oraciones subordinadas sustantivas con **que**

CONTENIDOS CULTURALES/OBSERVACIONES

Este anuncio pertenece a una campaña que Cruz Roja inició en diversos países para captar voluntarios. La explotación del anuncio funcionará mejor si sus estudiantes no han tenido ocasión de verlo.

En español coloquial es frecuente utilizar la expresión **tener un historia con...** como sinónimo de **tener una historia de amor**. Esta última expresión se emplea sobre todo para hablar del argumento de películas, novelas, etc.

EXPLOTACIONES

* *

Deberá visionar el anuncio hasta que la cámara se empieza a desplazar hacia arriba, justo cuando parece que los dos protagonistas se están dando un beso.

Los estudiantes, en parejas o en pequeños grupos, inventarán la relación que une a estas dos personas. Para ello puede guiarlos, antes de empezar la tarea, con preguntas que ellos deberán hacerse para inventar una determinada historia:

P. ¿Cuándo se conocieron? ¿Hace mucho o poco tiempo?
¿Qué relación les une? ¿Son novios? ¿Están casados?
¿Cómo es que en este momento están en la playa? ¿Están de vacaciones? ¿Es domingo?
...

Cuando hayan terminado, relatarán a sus compañeros el contenido de su historia. Pueden salir versiones muy distintas entre los grupos.

* *

Concluida la explotación anterior, haga notar a sus estudiantes que han explicado sus historias como si tuvieran total certeza sobre ellas mientras que, en realidad, ninguno de ellos conoce exactamente la relación que une a estas dos personas. Ello dará lugar a que los estudiantes especulen formulando hipótesis:

- ● **Quizá no estén casados, ¿no?**
- ○ **A mí me parece que no están casados. Son muy jóvenes.**
- ▲ **O a lo mejor son amantes. Quizá ella está casada con otro.**

...

* * *

Finalmente, proyectará el anuncio entero para que los alumnos reaccionen espontáneamente ante este final imprevisto. Seguramente se producirán reacciones referidas a lo que pensaban anteriormente por lo que sentirán la necesidad de utilizar recursos del tipo:

- ● **Pues yo creía que estaban casados.**
- ○ **Yo estaba seguro de que pasaba algo raro. ...**

ANUNCIANTE:
COMUNIDAD VALENCIANA

TIPO DE PRODUCTO:
PROMOCION TURISTICA Y LIBROS

TRANSCRIPCIÓN

Acércate.
La luz del Mediterráneo te va a deslumbrar.
Valencia.
Extrovertida. Íntima.
Artista y funcional.
Costa Blanca.
Desenfadada y exquisita.
Benidorm.
Perezosa y activa.
Costa del Azahar.
Culta y deportista.
Vívelo intensamente.
La Comunidad Valenciana te va a deslumbrar.

Canción: Ven a disfrutar la luz, ven a esta tierra...

Descúbrelo en Geográfica Valenciana 2, editada por el ITVA.

CONTENIDOS/OBJETIVOS LINGÜÍSTICOS

Adjetivos calificativos
Ir + **a** + Infinitivo
Se puede/n + Infinitivo
Imperativos + pronombres
Expresión de gustos: **gustar / parecer**
Expresión de deseos: **me gustaría / preferiría**
Recursos para comparar: verbo + **más / mejor...**
Recursos para describir las características de un lugar

CONTENIDOS CULTURALES/OBSERVACIONES

Lógicamente, por las características mismas del anuncio, el alumno se va a enfrentar a toda una serie de informaciones más o menos explícitas sobre la Comunidad Valenciana. En particular, el profesor deberá tener en cuenta que las imágenes y el texto aluden a aspectos de la región que un televidente español identifica sin dificultad y que para un estudiante extranjero serán elementos nuevos que tendrán que ser presentados y comentados. Entre ellos podemos resaltar:

— Valencia se identifica a menudo con la luz. A ello se alude repetidamente en el anuncio (La luz del Mediterráneo te va a **deslumbrar**, ven a disfrutar **la luz**, etc.).

— Una de las escenas reproduce con personajes en movimiento un famoso cuadro del pintor valenciano por excelencia, Sorolla (mujeres de blanco en la playa).

— En las imágenes aparecen las fiestas típicas más importantes: las Fallas y las fiestas de Moros y Cristianos.

— La canción incluida en el anuncio es una canción de Nino Bravo, cantante valenciano de música ligera, ya fallecido, y que suele identificarse con su origen valenciano.

— La Costa Blanca y la Costa del Azahar son dos partes de la costa valenciana y Benidorm uno de los principales núcleos turísticos de la costa mediterránea.

— ITVA son las siglas de Instituto de Turismo Valenciano.

Puede facilitar, además, a los estudiantes, los siguientes datos:

COMUNIDAD VALENCIANA

Km 2: 10.663
Habitantes: 2.066.413 (concentrados fundamentalmente en la parte costera)

Principales actividades y productos:
— Industria (alimentaria, muebles, automóviles, alta tecnología y siderurgia)
— Agricultura (cítricos, hortalizas y frutales)
— Turismo (14.000 plazas hoteleras)

Patrimonio cultural:
Fiestas como las Fallas (el 19 marzo se queman públicamente una serie de figuras que se han construido durante el año) y las de Moros y Cristianos (en las que los habitantes de un pueblo o ciudad, escenifican los históricos enfrentamientos de la Reconquista).

Gran tradición de cerámica.

Monumentos y lugares de interés: Ciudad romana, Museo Nacional de la Cerámica, La Lonja, la Universidad, Murallas y Recinto medieval en Valencia capital.

EXPLOTACIONES

*

Puede empezar la explotación visionando las imágenes sin sonido o pidiendo a los alumnos que atiendan principalmente a la imagen y dejen el texto para un segundo momento. Los estudiantes, después o simultáneamente al visionado (que se aconseja repetir varias veces), pueden tomar notas sobre todas las cosas que creen que se pueden hacer en Valencia y todas las características (climáticas, culturales, geográficas) que observen.

Se hará luego una puesta en común para intentar, entre todos, disponer de un máximo de información.

Los alumnos deberían producir intercambios como:

Se puede ir a la playa.
Y practicar deportes náuticos.
A mí me parece que en Valencia hace muy buen tiempo.
...

* *

Si las características técnicas de su vídeo lo permiten, detenga la imagen cuantas veces lo considere oportuno para comentar los aspectos culturales anteriormente citados y para completar la información extraída por los alumnos de las imágenes.

En un segundo momento, puede visionarse prestándole especial atención a la banda sonora. Fije el interés de sus alumnos en los adjetivos con los que se definen las diferentes características de la Comunidad Valenciana (**extrovertida, íntima, perezosa...**) y discuta en cada caso con los alumnos por qué se la califica así, haciéndoles notar que se trata de calificativos que se aplican normalmente a personas.

* *

Puede pedirles a sus alumnos que expresen su opinión a partir de la información de la que disponen y que digan si les gustaría pasar unas vacaciones allí y por qué sí o por qué no.

Puede también trabajar este anuncio con el de Cantabria (25) y, tras el visionado y comprensión de ambos, los alumnos deberán, en grupos, optar por una y otra región para pasar sus vacaciones y, para llegar a ponerse de acuerdo, discutir sus puntos de vista y preferencias con sus compañeros.

***

Puede resultar motivador para los estudiantes imaginar que son los encargados de confeccionar el guión de una posible campaña publicitaria similar de su propio país, región o ciudad, destinada a promocionar el lugar entre los españoles.

En grupos deberán ponerse de acuerdo para elaborar:

— una lista de las imágenes que deberían aparecer (paisajes, monumentos, comercios, etc.).

—el texto del anuncio (sugiérales que trabajen en base a una estructura semejante a la del anuncio de Valencia, que incluya slogan/s y adjetivos o sustantivos que caractericen el lugar que tienen que describir y promocionar).

Después puede pedir a cada grupo que presente su trabajo a la clase y que entre todos se elijan los mejores.

Como en otras ocasiones, el proceso mismo de discusión en el seno de los grupos, la búsqueda colectiva y negociada de los recursos lingüísticos necesarios, dará lugar a un trabajo muy rico de producción oral.

TRANSCRIPCIÓN

ANUNCIANTE:
CONSEJERÍA DE TURISMO
GOBIERNO DE CANTABRIA
TIPO DE PRODUCTO:
TURISMO

Imagínate una tierra verde y azul, una tierra que ha dado nombre al mar, llena de playas a toda costa.
Imagínate una tierra que es pórtico de la cultura.
Imagínate una tierra donde la naturaleza explota sin reservas.
Si imaginas una tierra así, imaginas, naturalmente, Cantabria.
Cantabria, por naturaleza.

CONTENIDOS/OBJETIVOS LINGÜÍSTICOS

Verbo **imaginarse**
Condicionales con **si**
Expresiones: **a toda costa, sin reservas**
Adjetivos calificativos
Se puede / n + Infinitivo
Recursos para describir las características de un lugar
Expresión de gustos y preferencias (**gustar / preferir,** gradativos,...)
Expresión de deseos: **me gustaría / preferiría**
Recursos para comparar: **más / mejor /...**

CONTENIDOS CULTURALES/OBSERVACIONES

Por las características y objetivos mismos del anuncio, el alumno se va a enfrentar a toda una serie de informaciones e imágenes de la región cántabra. Proporcióneles copia del mapa de España, con la región señalada, para que conozcan su ubicación, el nombre de su capital, Santander, y del mar que la bordea, el Mar Cantábrico. Si lo desea, además del trabajo con las imágenes y el texto del anuncio, les puede facilitar los siguientes datos:

CANTABRIA
Km 2: 5.289
Habitantes: 490.249
Principales actividades productos:
Bosques y ganado bovino.
Pesca e industria conservera
Industria química, metalúrgica y naval.
Patrimonio cultural y lugares de interés:
— Catedral de Santander.
— Importantes muestras de arte paleolítico y neolítico (Cuevas de Altamira y Museo de Prehistoria).
— Santillana del Mar.

— Universidad Menéndez Pelayo.
— Numerosos pueblos pintorescos y turísticos.
— Picos de Europa.

EXPLOTACIONES

---

*

Se recomienda en un primer momento, explotar fundamentalmente las imágenes del anuncio pidiendo a su alumnos que elaboren una lista de las cosas que pueden encontrarse en la región y que, a su entender, la caracterizan. Entre todos, en una fase de puesta en común posterior, debería llegarse a un listado del tipo:

naturaleza, paisajes verdes, prados, campos, fuentes, montañas, playas, golf, monumentos, iglesias románicas, conciertos, pinturas rupestres, deportes náuticos, vela, animales, esquí

A partir de la lista, ya en el momento de la puesta en común, puede pedir a sus alumnos que expliquen qué cosas se pueden hacer en unas vacaciones en Cantabria, tal y como se sugiere para el anuncio de Valencia (24).

---

* *

Como se propone con el anuncio de la Comunidad Valenciana, los alumnos tras el visionado y comprensión, podrán opinar sobre la región, expresar sus gustos, decir si les gustaría o no visitarla y ponerse de acuerdo con un pequeño grupo de trabajo para decidir programar unas vacaciones eligiendo entre Cantabria y Valencia.

---

* * *

En un momento posterior, puede atenderse especialmente al texto del anuncio. Convendrá entonces presentar las siguientes cuestiones:

— nombre de la región (**Cantabria**) y de ahí la frase **que ha dado nombre al mar** (**Mar Cantábrico**)
— significado de la expresión **a toda costa** y juego de palabras al referirla precisamente a la costa.
— significado de **sin reservas**, asociada aquí precisamente, como nuevo juego de palabras, a las reservas naturales.
— nuevo juego de palabras al utilizar la expresión **por naturaleza y naturalmente** y aludir a la gran riqueza natural de la zona.

---

* * *

Tal como se indica para el anuncio de la Comunidad Valenciana, puede resultar motivador para los estudiantes imaginar que son los encargados de confeccionar el guión de una posible campaña publicitaria similar de su propio país, región o ciudad destinada a promocionar el lugar entre los españoles.

En grupos deberán ponerse de acuerdo para elaborar:

— una lista de las imágenes que deberían aparecer (paisajes, monumentos, comercios, etc.),
— el texto del anuncio.

Después, puede pedir a cada grupo que presente su trabajo a la clase y que entre todos se elijan los mejores.

ANUNCIANTE:
IBERIA

TIPO DE PRODUCTO
VIAJES ORGANIZADOS

TRANSCRIPCIÓN

Altavoz:
Ultima llamada al pasajero del vuelo de Iberia...
Locutor off:
Sáltate las barreras. No pierdas ni un minuto y búscate lo bueno. Ahora es tiempo, el mejor tiempo para elegir tu destino, para escaparte del frío. Con Credivuelo de Iberia puedes.
Con Iberiamérica, escápate del frío.

CONTENIDOS/OBJETIVOS LINGÜÍSTICOS

— Imperativos
— Usos de **para** y **con**
— Aconsejar
— Expresar de hipótesis
— Expresar deseos e intenciones: **a mí me gustaría / yo tengo ganas de / yo quiero / yo voy a...**
— Relatar una acción pasada: **He estado / estuve en...**

CONTENIDOS CULTURALES/OBSERVACIONES

Este anuncio puede ser un buen pretexto para comentar con los estudiantes algunos aspectos de las costumbres de los españoles respecto a los viajes. Comente, por ejemplo, que los viajes al extranjero, a diferencia de lo que sucede en otros países, son, todavía actualmente, una forma relativamente nueva para los españoles de pasar las vacaciones y, por ahora, sólo cruza las fronteras un número bastante limitado de personas, principalmente jóvenes de clase media o alta y profesionales. Por otra parte, entre los españoles que viajan al extranjero, se ha extendido rápidamente la tendencia a viajar a países hispanoamericanos.

Conviene explicar a los alumnos que no lo sepan cómo funcionan las líneas aéreas españolas: Iberia es la compañía estatal que controla todos los vuelos regulares internacionales y Aviaco la encargada de los vuelos nacionales. Existen, por supuesto, además, diversas compañías privadas de vuelos "charter".

EXPLOTACIONES

*

Puede hacer visionar el inicio del anuncio (personaje corriendo en un aeropuerto) y hacer que los alumnos especulen sobre lo que hace, qué le sucede, por qué corre, etc.

Obsérvese que la primera parte del anuncio está concebida casi como una escena de película de intriga (expresión asustada del personaje, música de fondo, etc.). Los alumnos pueden imaginar que se trata de alguien perseguido por la justicia, alguien que busca a otro pasajero, alguien que simplemente está a punto de perder su avión, etc.

Siga después el visionado con algunas escenas más (el personaje va desprendiéndose de su ropa) y pida a los alumnos que formulen nuevas hipótesis.

Una vez visionado todo el anuncio, los alumnos pueden explicar qué hace realmente el personaje.

* *

Aparecen en el anuncio una serie de destinos (países de Hispanoamérica). Los rótulos que figuran escritos en el pasillo y el contenido mismo del anuncio pueden servir de estímulo para una actividad de tipo cultural: los alumnos tratarán entre todos de hacer una lista completa de todos los países de habla española.

Después, puede pasarse a un trabajo de producción oral:

— Los alumnos expresan sus deseos de viajar a determinados países hispanohablantes.

— Explican a sus compañeros si han estado en alguno de esos países y comentan sus impresiones.

— Comentan sus proyectos respecto a las próximas vacaciones.

* * *

Otra posible explotación consiste en visionar la totalidad del anuncio y atender principalmente al contenido lingüístico.

Puede ser útil presentar el nombre de este servicio de Iberia, **Credivuelo,** y hacer deducir a los estudiantes el significado del mismo (derivado de **crédito** y **vuelo,** es un sistema de pago a plazos de viajes organizados).

Dirija después la atención a la expresión **escapar del frío,** haciendo preguntas cómo:

P. ¿Qué tiempo hace en invierno en general en España? ¿Y en el Caribe?

¿Qué se puede hacer para **escapar del frío**?

Puede también hacer deducir o presentar el significado de otras expresiones como **saltarse las barreras** y **no perder ni un minuto.**

*

Tras otras explotaciones, o como primer trabajo si así lo prefiere, puede, como con otros documentos publicitarios, hacer visionar el anuncio sin sonido y pedir a los alumnos que elaboren en grupos un posible texto para la voz en off. Una vez preparados los textos, puede realizarse una corrección colectiva haciendo que un miembro de cada grupo lea, sincrónicamente con las imágenes del anuncio, el mensaje publicitario que propone su equipo.

TRANSCRIPCIÓN

Se está preparando porque tiene un compromiso muy importante: ayudar a la gente.

Hazte voluntario de la Cruz Roja.

ANUNCIANTE:
CRUZ ROJA
TIPO DE PRODUCTO
CAPTACIÓN DE VOLUNTARIOS

CONTENIDOS/OBJETIVOS LINGÜÍSTICOS

Usos del Presente Indicativo
Verbos reflexivos: **quitarse, ducharse, secarse, ponerse...**
Oraciones causales: **porque**
Quizá / tal vez / a lo mejor / ...
Citarse: **¿A qué hora quedamos? / ¿Te va bien en casa? / ...**
Formular hipótesis
Léxico: **tener un compromiso / una cita /...**

CONTENIDOS CULTURALES/OBSERVACIONES

Esta campaña está concebida en base a un elogio de la tarea de los colaboradores voluntarios de Cruz Roja y su objetivo es la captación de nuevos voluntarios entre los jóvenes. En este sentido, cabe comentar la escasa tradición de voluntariado que existe en España y que tradicionalmente las únicas actividades benéficas han estado vinculadas a la Iglesia Católica.

— 60 —

EXPLOTACIONES

*

Si su aparato puede detener las imágenes, después de un primer visionado a ritmo normal, pase el anuncio varias veces parándolo o ralentizándolo para que los estudiantes vayan tomando notas de todas las actividades que realiza el chico: **coge algo para comer, da comida a los peces, se quita la corbata, se desnuda, se ducha,** etc.

Puede plantearlo a modo de concurso: el que se capaz de anotar más actividades, gana.

Como el anuncio no explica qué hace el protagonista del anuncio como voluntario, puede proponer a sus estudiantes que especulen sobre el tipo de actividad que realiza en la Cruz Roja.

- **Puede trabajar con viejecitos.**
- ○ **O, a lo mejor, es profesor de socorrismo porque parece que hace mucha gimnasia.**

...

*

Si por las características técnicas de su aparato, usted no puede realizar la explotación anterior, proponga, tras el visionado del anuncio, que deberá parar después de la frase **tiene un compromiso muy especial,** que sus estudiantes especulen, razonando su hipótesis, sobre el compromiso que tiene el chico:

- **A mí me parece que ha quedado con una chica porque se ha arreglado muy bien.**
- ○ **Pues a mí me parece que no, que se va a estudiar porque lleva una carpeta.**

Cuando sus alumnos se hayan puesto de acuerdo sobre las hipótesis más factibles, en parejas o en pequeños grupos, imaginarán cómo ha sido la conversación telefónica en la que han concretado la cita:

- **Oye, tengo dos entradas para ir a ver a Sting. ¿Te apetece venir a verlo?**
- ○ **Magnífico. ¿Cuándo es el concierto?**

...

ANUNCIANTE:

CRUZ ROJA

TIPO DE PRODUCTO:

LOTERIA BENÉFICA

TRANSCRIPCIÓN

Hoy empieza un nuevo trabajo.
No le servirá para el el currículum y, además, no cobrará ni un duro.
¿Y sabes por qué lo hará?
Porque tiene un corazón de oro.
Sorteo del Oro de la Cruz Roja.
Demuestra que también tienes un corazón de oro.

CONTENIDOS/OBJETIVOS LINGÜÍSTICOS

Presente con valor de Futuro
Futuro
Interrogativas con **por qué**
Usos de **para: para** + sustantivo / Infinitivo
Causales con **porque**
Expresiones: **tener un corazón de oro, no cobrar ni un duro**
Y, además
¿Sabes por qué...?
Léxico del mundo laboral: **cobrar, un trabajo, curriculum, ...**

CONTENIDOS CULTURALES/OBSERVACIONES

En algún momento de la explotación de este anuncio deberá explicar a sus alumnos que, desde hace algunos años, Cruz Roja sortea, en colaboración con la Lotería Nacional, lingotes de oro para recoger fondos para la organización. Los encargados de la venta de los boletos, además de bancos, cajas de ahorro y algunos comercios, son voluntarios de Cruz Roja y esta campaña está concebida en base a un elogio de la tarea de dichos voluntarios. En este sentido, cabe comentar la escasa tradición de voluntariado que existe en España y que tradicionalmente las únicas actividades benéficas han estado vinculadas a la Iglesia Católica.

Puede ser un buen momento para comentar a sus estudiantes la gran importancia que en España tienen lo juegos de azar. (Véanse comentarios para el anuncio 14).

EXPLOTACIONES

*

Para preparar la comprensión del anuncio puede hacer un visionado parcial, atendiendo al texto y a las imágenes (hasta **¿Y sabes por qué lo hará?**) y dirigir la atención de sus alumnos con preguntas como:

P. ¿Qué pasa hoy?
¿A dónde va? ¿Qué va a hacer?
¿Por qué crees que no le va a servir para el curriculum?
¿Qué tipo de trabajo crees que va a hacer?
¿Cobrará mucho?

Luego, siga con el visionado, que dará respuestas a las preguntas planteadas, y formule nuevas preguntas de comprensión:

P. ¿Por qué lo hará?
¿Qué crees que significa "tener un corazón de oro"?

En este momento deberá probablemente explicar que significa **sorteo** y, en concreto, qué es el Sorteo del Oro que anualmente organiza la Cruz Roja española.

**

Para realizar un trabajo específico de los usos de **para** y de **porque** puede proponer a sus alumnos que, en grupo o individualmente, elaboren una lista de unas diez razones por las que hay que participar en este sorteo, o colaborar con la Cruz Roja u otra organización humanitaria. Lógicamente, en la formulación de las mismas deberán enunciarse finalidades del sorteo y de la organización, que serán formuladas con **para,** y razones por las que se realiza, que, generalmente, se presentarán con **porque**. Por ejemplo, **para ayudar a la gente / porque Cruz Roja necesita dinero/...**

***

A partir del anuncio puede preguntar a sus alumnos sobre su relación con los juegos de azar: cada uno deberá explicar si participa en alguno, por qué sí o por qué no, si le ha tocado algo alguna vez, si tiene suerte en general, etc.

Este anuncio, por tener un contenido y estructura similar, puede presentarse antes, después o conjuntamente con el 29.

TRANSCRIPCIÓN

ANUNCIANTE:
CRUZ ROJA

TIPO DE PRODUCTO:
LOTERIA BENÉFICA

Va a trabajar durante muchas horas y sin cobrar nada.
Los fines de semana tendrá que hacer horas extras.
¿Y sabes por qué lo hará?
Porque tiene un corazón de oro.
Sorteo del Oro de la Cruz Roja.
Demuestra que también tienes un corazón de oro.

CONTENIDOS/OBJETIVOS LINGÜÍSTICOS

Presente con valor de Futuro
Futuro
Interrogativas con **por qué**
Usos de **para: para** + sustantivo / Infinitivo
Causales con **porque**
Expresiones: **tener un corazón de oro**
Durante
Sin... nada
¿Sabes por qué...?
Léxico del mundo laboral: **cobrar, trabajar, horas extras, ...**

CONTENIDOS CULTURALES/OBSERVACIONES

En algún momento de la explotación de este anuncio deberá explicar a sus alumnos que, desde hace algunos años, Cruz Roja sortea, en colaboración con la Lotería Nacional, lingotes de oro para recoger fondos para la organización. Los encargados de la venta de los boletos, además de bancos, cajas de ahorro y algunos comercios, son voluntarios de Cruz Roja y esta campaña está concebida en base a un elogio de la tarea de dichos voluntarios. En este sentido, cabe comentar la escasa tradición de voluntariado que existe en España y que tradicionalmente las únicas actividades benéficas han estado vinculadas a la Iglesia Católica.

Puede ser un buen momento para comentar a sus estudiantes la gran importancia que en España tienen los juegos de azar y lo mucho que los españoles invierten en los diferentes tipos de juegos. (Ver comentarios para el anuncio 14).

EXPLOTACIONES

✻

Puede plantear la explotación de este anuncio como la continuación de la explotación del anterior (28): los alumnos tendrán casi todos los elementos lingüísticos y culturales necesarios para acceder a la total comprensión y se tratará, principalmente, de un trabajo de reafirmación. Si así lo desea, haga visionar la primera parte e invite a los estudiantes a prever el resto: deducir qué va a hacer el personaje, por qué va a hacerlo, etc.

Si lo considera mejor puede empezar con la explotación de este anuncio (y seguir luego con el 28). Para ello podrá realizar ejercicios similares a los propuestos para dicho anuncio.

✻ ✻

Una vez explotados los anuncios 28 y 29, y ya con todo el léxico del ámbito profesional que en ellos aparece presentado, los alumnos pueden explicar qué tipo de trabajo tienen o desearían tener: **hacer o no horas extras**, **trabajar X horas**, **tener vacaciones**, **cobrar**, etc.

TRANSCRIPCIÓN

ANUNCIANTE:
CRUZ ROJA

TIPO DE PRODUCTO:
LOTERIA BENÉFICA

Vas a encontrar oro.
Es la ocasión de oro.
Cruz Roja lo va a sortear.
Para ganar un año más.
Todos.
Un año más.
Todos.
Voz en off:
Juega al Sorteo del Oro de la Cruz Roja porque, te toque o no, tú ganas.

CONTENIDOS /OBJETIVOS LINGÜISTICOS

Perífrasis: **ir a** + Infinitivo
Usos de **para** y **de**
Oraciones causales: **porque**
Construcciones con Subjuntivo: **te toque o no / venga o no / lo quiera o no /**...
Expresiones temporales: **un año / un día / ... más**
Uso de **todos**
Hablar de planes ya concebidos: **va a**...
Hablar de cosas y personas
Expresión: **la ocasión de oro**

CONTENIDOS CULTURALES /OBSERVACIONES

Esta canción fue especialmente compuesta para promocionar el Sorteo Extraordinario de la Cruz Roja, un sorteo anual, tal como se ha explicado en los comentarios a anteriores anuncios, que también es conocido como el "Sorteo del Oro".

La canción se canta dos veces, por distintos cantantes muy conocidos en el mundo de la canción moderna española: Alaska y su grupo son los que cantan la primera versión; Ana Belén, conocida actriz y cantante, canta junto a Mecano, el grupo español que más proyección internacional tiene en estos momentos.
Si la edad de sus estudiantes justifica esta actividad, dado que el grupo Mecano es bastante conocido internacionalmente, podría intentar que sean sus propios estudiantes quienes los identifiquen y comenten si conocen alguna de sus canciones. Entre la discografía de este grupo hay muchas canciones especialmente

útiles para las clases de español: "Hoy no me puedo levantar", "Perdido en mi habitación", "Marcha a Nueva York", "Mujer contra mujer", etc.

Respecto a las costumbres de los españoles en cuanto a los juegos de azar, véase el comentario incluido para el anuncio 14.

EXPLOTACIONES

*

En este anuncio conviene que considere que el estudiante oye dos veces el mismo texto, por lo que un visionado de este anuncio equivale a dos.

Antes de verlo, entregue a sus estudiantes el texto de la canción con una serie de vaciados. Éste podría ser un ejemplo, que tiene como objetivos trabajar la perífrasis de futuro y los usos del verbo **ser,** de las preposiciones **para** y **de,** y de las construcciones temporales que aparecen en el texto de la canción:

> ___ ___encontrar oro.
> ___ ___la ocasión ___ oro.
> Cruz Roja lo ___ ___sortear.
> ____ ganar ___ ___ ___.
> ____.
> ___ ___ ___.
> ____.

Puede, luego, volver a visionar el anuncio para que los estudiantes se autocorrijan.

* *

Si trabaja el anuncio en un momento de la programación en el que su grupo dispone de recursos para realizar esta tarea, propóngales que, después de visionar el anuncio, en pequeños grupos, traten de escribir una letra, con tema absolutamente libre, que se adapte a esta melodía.

Puede ser especialmente divertido que traten de dedicar la canción a alguno de sus compañeros.

Voy a ver a Paul.
Es la ocasión de oro
para, de una vez, ligar.

...